LA COCINA FAMILIAR

EN EL ESTADO DE

AGUASCALIENTES

LA COCINA FAMILIAR

EN EL ESTADO DE

AGUASCALIENTES

CONACULTA   OCEANO

LA COCINA FAMILIAR
EN EL ESTADO DE AGUASCALIENTES

Primera edición: 1988
Banco Nacional de Crédito Rural, S.N.C.
Realizada con la colaboración del Voluntariado Nacional
y de las Promotoras Voluntarias del Banco Nacional de
Crédito Rural, S.N.C.

Segunda edición: 2001
Editorial Océano de México, S.A. de C.V.

Producción:
Editorial Océano de México, S.A. de C.V.

© Consejo Nacional para la Cultura y las Artes

D.R. ©
Editorial Océano de México, S.A. de C.V.
Eugenio Sue 59
Col. Chapultepec Polanco, C.P. 11500
México, D.F.

ISBN
Océano: 970-651-495-3
               970-651-450-3 (Obra completa)
CONACULTA: 970-18-6457-3
               970-18-5544-2 (Obra completa)

Impreso y hecho en México.

Aguascalientes

La Comida Familiar Mexicana fue un proyecto de 32 volúmenes que se gestó en la Unidad de Promoción Voluntaria del Banco de Crédito Rural entre 1985 y 1988. Sería imposible mencionar o agradecer aquí a todas las mujeres y hombres del país que contribuyeron con este programa, pero es necesario recordar por lo menos a dos: Patricia Buentello de Gamas y Guadalupe Pérez San Vicente. Esta última escribió en particular el volumen sobre la Ciudad de México como un ensayo teórico sobre la cocina mexicana. Los textos históricos y culinarios, que no las recetas recibidas, varias de ellas firmadas, fueron elaborados por un equipo profesional especialmente contratado para ello y que encabezó Roberto Suárez Argüello.

Posteriormente, hace ya más de seis años, BANRURAL traspasó los derechos de esta obra a favor de CONACULTA con el objeto de poder comercializar el remanente de libros de la primera edición, así como para que se hicieran nuevas ediciones de la misma. Esta ocasión llega ahora al unir esfuerzos CONACULTA con Editorial Océano. El proyecto actual está dirigido tanto a dotar a las bibliotecas públicas de este valioso material, como a su amplia comercialización a un costo accesible. Para ello se ha diseñado una nueva edición que por su carácter sobrio y sencillo ha debido prescindir de algunos anexos de la original, como el del calendario de los principales cultivos del campo mexicano. Se trata, sin duda, de un patrimonio cultural de generaciones que hoy entregamos a la presente al iniciarse el nuevo milenio.

LOS EDITORES

Zona de extensas planicies y, a la vez, terrenos accidentados, de elevaciones que sobrepasan más de una vez los tres mil metros, y clima casi siempre templado, el territorio que hoy ocupa Aguascalientes no estaba habitado durante la época prehispánica. Recibía sólo visitas periódicas de las tribus seminómadas que habitaron el área fronteriza entre el centro y el norte de Mesoamérica, cuando incursionaban en busca de animales de caza, plantas y frutas. Aunque estos rudos guerreros fueron llamados chichimecas en general, es decir, bárbaros, en contraposición con toltecas, sinónimo de artistas, en realidad constituyeron diversos grupos: huachichiles, guamares, guaxabanes y zacatecos, cuya particular belicosidad los llevó años más tarde a enfrentamientos permanentes con las fuerzas conquistadoras.

Los primeros encuentros entre chichimecas y españoles –encabezados por Pedro Almíndez Chirinos y Cristóbal de Oñate– se vieron teñidos de sangre. La región, incorporada al reino de Nueva Galicia, se tornó un punto clave en la ruta que la plata seguía rumbo a la metrópoli.

Los indígenas asolaban continuamente las poblaciones del área y atacaban las conductas o envíos del preciado metal. Y es así como nació Aguascalientes, del intento por contener a los indios hostiles; su localización –más al norte de los asentamientos españoles de la época–, permitió extender el ámbito de acción y vigilancia que precisaban las poblaciones y los cargamentos minerales.

En 1565 se otorgó el permiso para habitar el sitio en que actualmente se encuentra la capital del estado y diez años después, el 22 de octubre de 1575, Jerónimo de Orozco, presidente de la Real Audiencia y gobernador del Reino de la Nueva Galicia, expidió la célula de erección de Nuestra Señora de la Asunción de Aguascalientes.

La fundación del pueblo tuvo como fin específico proteger a los viajeros que transitaban la ruta de la plata o que iban de la capital del virreinato a Guanajuato, Guadalajara o Zacatecas. El mismo año se inició la construcción de un presidio o guarnición militar que debía servir como fortaleza para el lugar; empero, a pesar de tales medidas, los ataques se recrudecieron y mermaron la de por sí incipiente población, hasta dejarla reducida (en 1584) a dos vecinos y 16 soldados.

Siempre con el propósito de no descuidar la ruta comercial de Zacatecas, la autoridades insistieron en estimular asentamientos regulares, de modo que en 1604 se trasladó a un grupo de indígenas al poniente de la Villa, para fundar el pueblo de San Marcos con autoridades independientes.

El buen resultado no se hizo esperar; la afortunada conjunción de la fuerza de trabajo y las tierras generosas permitió que la agricultura se desarrollara en la región. Se comenzaron a plantar árboles frutales que, ante el estimulante clima, se multiplicaron y dieron frutos de calidad; fue en esa época cuando se sembraron las primeras vides de la región. El ritmo de desarrollo permitió el inicio de un comercio agrícola hacia Zacatecas y San Luis Potosí.

La naciente bonanza, reforzada por las corrientes migratorias, favoreció el crecimiento arquitectónico de la Villa: la Casa Rural, el convento franciscano de San Diego, las capillas de San Marcos y San Juan de Dios y las casonas de potentados locales. Alrededor de 1665 se terminó el suntuoso Convento de la Merced y la Casa del Mayorazgo de Ciénegas de Mata o de Rincón.

Si los hechos históricos no lo habían permitido antes, es en esos momentos cuando se consolida auténticamente el mestizaje. Con la evangelización se transportaron al sitio el ganado caballar, bovino, caprino, ovino y porcino; vegetales y frutales, entre ellos –como se mencionó–, los sarmientos de vid que fructificaron con rapidez bajo la supervisión de los religiosos.

Puesto que el área era ruta comercial, nació el Camino Real, a cuyos lados se instalaron varias posadas que ofrecían ciertas comodidades a los viajeros. Por una cantidad razonable podían pernoctar, sus caballos eran atendidos, los carruajes vigilados y se daba de comer y beber en abundancia. Por lo general se contaba con un gran puchero, grandes hogazas recién sacadas del horno y aceptable vino tinto; algunas hospederías tenían un lugar aparte para que comiese la gente del servicio, y allí se servía una muestra gastronómica que incluía desde una quesadilla hasta tacos dorados, con salsas y verduras. El pulque era indispensable, como el atole dulce o picante, los cuales se dejaban acompañar por los tamales de gallina que recién habían conocido la manteca.

Los habitantes de Aguascalientes estaban conscientes de que el progreso de la región tenía como principal sustento la mano de obra indígena, razón por la que fue bienvenida y llegó de muchas partes en las décadas que siguieron. El descubrimiento de ricos minerales fundó la Villa de Asientos de Ibarra en 1712. Años después, los jesuitas adquirieron las minas y con el producto de ellas financiaron sus colegios y misiones; el lugar prosperó, hasta que los trabajos fueron suspendidos en 1767 con la expulsión de los miembros de la Compañía.

El empuje económico había contribuido al desarrollo de la Villa. Las suntuosas obras del siglo anterior vieron el nacimiento de nuevas e importantes edificaciones en el siglo XVIII. El doctor Manuel Colón de Larreátegui promovió con entusiasmo las iglesias de los pueblos de Jesús María y San Marcos, la construcción de una presa para los indios del pueblo de San José de Gracia, y la conclusión y dedicación de la actual catedral, entre otras obras.

Al auge arquitectónico y decorativo se sumó un nuevo fenómeno gastronómico. Las claras de huevo eran indispensables para realizar diversos menesteres y trabajos conventuales, pero ¿y las yemas? ¿qué hacer con ellas?, si las había disponibles y en gran cantidad. Pues dulces, dulces y más dulces. Poemas en forma, sabor, color y textura; vestidos de papel o bañados en azúcar, cristalizados o rebosantes de piñones, pasas, nueces, almendras. Y así llegó el rompope, deliciosa y popular bebida en la que la yema de huevo alcanzó untuosidades reales.

Sin embargo, la conciencia y el sentido de identidad aguascalentense impidieron que el periodo colonial transcurriera con total tranquilidad en la zona, fundamentalmente a causa de los problemas territoriales con Zacatecas. En 1787 se elevaron airadas protestas, hubo escándalos y aun motines, al haberse dictaminado que Aguascalientes fuese una subdelegación de Zacatecas, a la que en ese primer año tributó casi ocho mil pesos. El comercio era una de las actividades principales; se surtía a reales y minas próximos y, además, se gozaba de un sitio privilegiado en la ruta hacia el norte. Aguascalientes contaba en ese momento con nueve mil habitantes, seis pueblos, veinticinco haciendas y ciento cuarenta y cuatro ranchos; a pesar de eso, los recursos que se generaban muchas veces resultaron insuficientes por la abundante sangría que provocaban los impuestos.

Con el siglo XIX aparecieron los anhelos de la independencia nacional y Aguascalientes, que sabía de las injusticias de una dependencia forzada, unió pronto sus fuerzas a las de todo el país. La causa insurgente contó con mentes preclaras y aguerridos caudillos nacidos en la zona. Primo de Verdad y Ramos, Ignacio Obregón, Valentín Gómez Farías, Rafael Iriarte y Pedro Praga son sólo algunos ejemplos.

Aguascalientes y sus hombres desempeñaron un importante papel en las gestas insurgentes. Pedro Praga participó en la toma de la Alhóndiga de Granaditas y Rafael Iriarte unió sus fuerzas a las de Allende. En más de una ocasión, el propio Allende se sirvió de la zona como centro de operaciones y aprovisionamiento. Pero Aguascalientes tuvo que servir a la causa con temor y valentía: ambos extremos se tocaron en más de una ocasión, inclusive en una misma familia fue frecuente encontrar partidarios de bandos opuestos y las reacciones consecuentes. El uno entregaba su bolso, el otro lo escondía; aquél conminaba a la servidumbre a auxiliar a los insurgentes, éste denegaba la orden. Silos y despensas ayudaron a surtir, durante cierto tiempo, las mesas de los combatientes. Luego siguió el ganado que estuviese a mano, los frutales, las hortalizas...

El gobernador Felipe Terán persiguió incansable a los insurgentes, pero cuando en 1821 el Ejército Trigarante, al mando de Pedro Celestino Negrete, tomó Guadalajara, toda Nueva Galicia quedó libre del dominio español. La jura de la independencia se hizo el 6 de julio de 1821. El primer gobierno provisional de la localidad fue presidido por Valentín Gómez Farías, Rafael Vázquez y Cayetano Guerrero, entre otros.

Aparentemente habían quedado atrás los días difíciles en que se debía dar de comer, a como diera lugar, a los combatientes. Días de improvisación e inventiva culinaria, momentos en que con tal de alimentar al soldado hambriento se reunían en un plato alimentos hasta entonces aparentemente antagónicos; días de mezcla y encuentro gastronómico. No había tiempo para siembra, ni cosecha; sólo para fincar una nación y recrear una cultura.

Con el establecimiento del gobierno central, y tras la aprobación de la Constitución de 1825 del Estado de Zacatecas, Aguascalientes pasó de nuevo a formar parte de dicha entidad. Los habitantes, como todos los del país, iniciaron una penosa reconstrucción. Las semillas disponibles, malas y escasas, fueron sembradas. La necesidad apremiante hizo que se buscaran las especies ganaderas que se reprodujesen con mayor rapidez. Pronto se tuvo leche de cabra, de la que se obtuvo el mayor provecho posible: queso y crema; el borrego y el cerdo recuperaron su población anterior, y renacieron el chorizo, el jamón, la butifarra; se volvió a paladear la barbacoa de borrego y el carnero al horno, a la manera ancestral –de piedras precalentadas–, así como el cerdo en el enorme cazo y los frutales y hortalizas se pudieron cuidar otra vez.

Durante la década de los treinta destacó el gobierno local de José María Guzmán, quien introdujo los servicios públicos de empedrado de calles, drenaje, construcción de puentes, el Jardín de San Marcos –inaugurado en 1842– y la primera celebración de la famosa Feria.

Pero la lucha en la región parecía perpetuarse, ahora en las disputas entre federalistas y centralistas. Desde 1835, la oposición de Zacatecas a Santa Anna provocó que el dictador le instalase un gobierno militar, después de una incursión punitiva. A su paso por Aguascalientes, la ciudad le manifestó su adhesión, lo que, unido al antagonismo zacatecano –más, tal vez, la memorable historia del beso de una bella–, propició que la entidad quedase convertida en territorio federal. A partir de ese momento y hasta 1857, Aguascalientes alternó su status territorial; bajo el régimen centralista pasó a ser departamento, en 1847 se lo volvió a subordinar a Zacatecas, a continuación se lo dividió en dos partes, posteriormente se reunificó y por fin, en 1857, la Constitución le confirió el carácter de Estado Libre y Soberano.

Fueron años difíciles para la nación, de guerra civil y de invasiones. El caos social, económico y administrativo caracterizó el periodo; proliferó el bandidaje; se suspendió la agricultura; el ganado moría en el campo o era robado. Las vidas humanas pendían de un hilo. Durante la intervención francesa, Aguascalientes se aprestó a la defensa del territorio nacional casi desde el momento en que llegaron noticias del desembarco de tropas extranjeras en playas veracruzanas. Desafortunadamente, las fuerzas imperialistas se hicieron dueñas de la situación hasta 1867. En esos años, Maximiliano estableció una nueva división territorial y Aguascalientes recuperó sorprendentemente su bonanza anterior, convirtiéndose en uno de los departamentos más ricos y prósperos del imperio.

Después de tanto tiempo, la cocina hidrocálida resurgió con fuerza, con riquezas sibaríticas en muchísimos platillos. Gallinas envinadas, calabacitas con carne de puerco, tiernos granos de elote, rajas, cebolla y queso; camotes tatemados con piloncillo, o hechos pasta y mezclados con frutas en rollos cristalizados. Al renacimiento gastronómico de la entidad contribuyó mucho un nuevo mestizaje, favorecido por la llegada de la cocina europea del imperio. Aguascalientes vio nacer novísimos postres y una interminable variedad de panecillos, cuya fama perdura con justicia hasta nuestros días, a la par que la costumbre deliciosa de salir a merendar, hábito que refleja nítidamente una tradición noble y un ambiente grato, cuidados y conservados con esmero.

En 1867 cayó el imperio y se restauró la república; años de avance fueron los siguientes. Se llevaron a cabo obras de gran importancia, tales como la construcción del Teatro Morelos, el entubamiento de las aguas del manantial de Ojocaliente, la inauguración del servicio de tranvías, la apertura de la Calzada Arellano y la introducción de la energía eléctrica. Sin embargo, la naturaleza se abatió sobre la región en años aciagos, como el de 1891, en que el estado tuvo que afrontar la pérdida de sus cosechas y una devastadora epidemia de tifo.

La llegada del capital extranjero a la entidad, en pleno periodo porfirista, se inició en 1893 con la Fundidora Central Mexicana. En 1901 se estrenó la primera línea telefónica y se inauguró el Banco de Aguascalientes.

Pero la bonanza económica y el progreso tecnológico con los que se recibía el siglo XX, no eran frutos que aprovechara la inmensa mayoría de los mexicanos; hambriento en general y cansado de las infinitas reelecciones del general Díaz, el pueblo tomó las armas y se levantó en un impresionante y sangriento estallido social: la Revolución de 1910.

Nuevamente Aguascalientes se convirtió en escenario protagónico de la historia nacional; en 1914, la Convención de Generales y Gobernadores Revolucionarios tuvo lugar en la capital del estado. Se acordó nombrar presidente interino a Eulalio Gutiérrez, reconocido por villistas y zapatistas, mas no por los carrancistas. El conflicto entró en una nueva etapa y las facciones combatientes lucharon todavía largos y cruentos años, destrozándose entre sí.

Hacia 1920 se restableció la paz, creció la industria y se realizó un importante reparto de tierras. Sin embargo, la lucha fratricida regresó a la región cuando, en 1928, la guerra cristera la cubrió de sangre.

A partir de 1935, el estado ha logrado un desarrollo sostenido. Se siguen embelleciendo sus urbes, especialmente la capital con su Plaza de Armas. Sus gobiernos se han dedicado a afianzar la paz y Aguascalientes se ha vuelto más próspero; si la herencia y tradición arquitectónicas se han conservado celosamente, la tradición culinaria ha hecho lo propio. Su pollo "de plaza", los nopalitos fritos con huevo, la carne de puerco con verdolagas, chile verde o cascabel y las capirotadas de Cuaresma, bien merecen el viaje para degustarlos. ¿Qué decir del pollo de excepción del Jardín de San Marcos, o los tacos de jocoque, las tostadas con cueritos de cerdo en vinagre, los jamoncillos, las gorditas de cuajada y el uvate, atesoramiento de las uvas no fraguadas en vino?

Territorio pequeño pero de gran riqueza y de gente laboriosa. Aguascalientes produce oro, plata, bronce, plomo y zinc; contribuye a la producción silvícola nacional y desarrolla importantes cultivos de maíz, frijol, chile y frutales. La vid es, por mucho, el cultivo más importante entre los frutales de la entidad, ya que ha dado lugar a una industria vitivinícola de solera, reconocida internacionalmente. Vinos finos de mesa y un brandy de altísima calidad son los productos de esta pujante industria, con una producción superior a las 120 000 toneladas anuales; es innegable que el pequeño territorio contribuye al buen beber de todo el país.

Hoy Aguascalientes es un estado de la federación que representa bien la trayectoria histórica de México. En él se encuentra la tradición prehispánica, colonial, independiente, reformista, revolucionaria y contemporánea. Los maravillosos manteles deshilados a mano y bordados a punto de cruz, visten a diario —y de gala— las mesas de madera maciza al estilo colonial, o las de un ligero Chippendale, en ellas, con la placidez de una provincia cosmopolita, se sirven amalgamados platillos que son delicia de la vista y el paladar. Muestra suprema de hospitalidad y de las posibilidades del buen comer nacional es la Feria de San Marcos; Aguascalientes se alegra cada año en primavera y recibe amable a miles de entusiasmados visitantes. Está escrito en el escudo que hoy luce la entidad: gente buen, tierra buena. No hay error: Aguascalientes responde plena a tales tributos, y su gastronomía es perfecto eslabón entre ambos.

En cinco secciones o apartados se distribuye la selección de recetas que conforma este recetario de la cocina familiar en el Estado de Aguascalientes. La variedad de fórmulas es amplia y ofrece buenas pautas y asideros para acercarse a los hábitos culinarios cotidianos de los aguascalentenses. Armoniosamente se encuentran la sencillez y la elegancia, pues ambas parecen ser maneras de la cocina regional; el mestizaje gastronómico es también claro, aunque parece predominar la confección con modales europeos, lo cual no quita –por supuesto– el gusto por el maíz y el chile y su presencia continua.

El primer apartado, **Antojitos y mole,** prueba precisamente las proteínicas cualidades de la gramínea nacional, transformada en pinole, tacos, enchiladas, peneques y pozoles. Se añaden otras recetas interesantes, un pastel de frijol, unos chiles rellenos, un guacamole y, sobre todo, un historiado mole que cumple bien los complicados cánones del sabroso platillo.

El apartado segundo, **Caldos, sopas y pucheros,** atiende con desenfado su parte. Propone brebajes excelentes, sopas finas y otras sencillas y sumamente decorosas, así como algunos pucheros que valen por toda una comida.

En **Pescados y verduras,** sección tercera, se recogen algunas evocaciones marineras y las probadas habilidades de la cocina hidrocálida para aprovecharlas; se recorre después una amplia selección de recetas del huerto, ya que la entidad ofrece, con donosura, sagaces fórmulas para sus frutos, ya sean de tierras fértiles o semiáridas.

En **Aves y carnes,** cuarto apartado, las sugerencias son magníficas. Envidiable gastronomía que puede sustentar tal variedad. Desde los buenos pollos a las finísimas formas de preparar la pierna de cerdo o el cordero, sin olvidar algunas otras recetas verdaderamente de primera. Es un capítulo íntegro, sin desperdicio.

El apartado final, **Pasteles, postres y dulces,** se convierte en presuntuosa muestra de una repostería y una dulcería de destacado nivel. Las recetas son de calidad, delicadas, convincentes, y algunas que recomiendan fórmulas cotidianas, más sencillas –el flan, la jericalla, por ejemplo–, valen además por su utilidad y buen punto.

Agradable y útil apartado conforma la selección inicial del recetario, con algunas de las recetas de antojitos que propone la cocina familiar del estado. Se presentan con sencillez varias fórmulas de suculencias y manjares que, poco más, poco menos, se conocen y gustan en muchas partes del país.

De mañana se puede empezar con un antojo reconfortante; se sugiere el atole de pinole, a la usanza indígena. Para más tarde son los tacos. Aquí vienen tres notables maneras de esculpirlos. Los llamados deliciosos se rellenan con un preparado de huevo con jitomate y chiles serranos; primero se fríen y luego, cubiertos de crema y queso, se hornean. Hacen honor a su nombre.

Los tacos de jocoque también llevan huevos, pero los alternan con chiles poblanos en rajas; se cubren con jocoque y se adornan con rebanadas delgadas de aguacate. Por su parte, los célebres tacos mineros encierran alubias, tocino, carne molida, cebollas, chiles güeritos, especias, en una llenadora pasta, de ésas que no dejan socavón en el estómago.

La siguiente fórmula es la de unos peneques de maíz, muy sabrosos. Deben rellenarse de frijoles molidos con chorizo, servirse con queso y bañarse bien con una salsa verde (tomates y chiles serranos) "algo ligera". Las enchiladas que a continuación se proponen son igualmente verdes –a base de chiles poblanos, en este caso– y transportan una rica carga de carne de res, deshebrada, y salsa de crema y queso.

Tortillas, chiles pasilla y jalapeños, chorizo, queso añejo y frijoles refritos son los ingredientes para meter al horno la propuesta siguiente, un pastel de frijol digno de la mejor cena en familia. Claro que, si se quiere algo más liviano, se puede optar por un queso fundido –asadero– con tortillas, al cual se le suele añadir un poco de chorizo.

Los chiles poblanos rellenos de carne de res, puerco o pollo –la primera opción resulta la más recomendable– con aceitunas, pasitas y almendras, y cubiertos con abundante crema, son económicos y fáciles de incluir en el menú hogareño. Una variante de la composición es la de los chiles rellenos campiranos, con chorizo, frijol y especias. Para los días de las famosas ferias de Aguascalientes va bien un pozole. Aquí se incluyen dos buenas versiones. El pozole de elote con codillo o cabeza de puerco, pollo, tomate verde y chiles poblanos, y un pozole rojo –al modo del lugar– con chile mirasol y carne de cerdo, sin olvidar el orégano y el limón.

El guacamole exquisito –receta que se agrega después– lleva verduras y cueritos en vinagre como ingredientes no usuales en la fórmula tradicional de esta insustituible salsa mexicana que tiene como verde fundamento la mantequilla vegetal del aguacate. Un mole casero con su cauda y contrapunto de ingredientes cierra el apartado; no hace a un lado ni el comino ni los chiles, ni el ajonjolí o el jengibre o la tablilla de chocolate; la interesante fórmula parece ajustarse a los cánones sureños del regio platillo.

No le tengas miedo al chile, aunque lo veas colorado

Atole de pinole

1 k	maíz blanco
3/4 k	azúcar
25 g	canela en polvo
1	litro de leche

❦ Tostar el maíz en comal; moler hasta que se convierta en pinole.

❦ Poner a hervir la leche y añadir poco a poco el pinole; revolver con cuchara de madera constantemente.

❦ Agregar azúcar, canela en polvo y agua hasta obtener punto de atole.

❦ Al soltar el hervor (dos veces), retirar del fuego.

❦ Rinde 6 raciones.

Tacos deliciosos

12	tortillas
1/4 k	jitomates
1/4	litro de crema
6	chiles serranos
4	ajos
3	huevos
1/2	cebolla
·	aceite
·	queso rallado
·	lechuga picada
·	sal y pimienta, al gusto

❦ Asar los jitomates y los chiles, licuarlos con cebolla y ajo; freír en dos cucharadas de aceite.

❦ Al espesar, agregar sal y pimienta y los huevos revueltos en crudo; revolver constantemente.

❦ Freír las tortillas de un solo lado (deben quedar suaves); acomodarlas en un recipiente refractario, incorporar la preparación de huevo y enrollarlas.

❦ Bañar con la crema previamente batida con sal y pimienta, añadir queso y hornear para que se gratine.

❦ Servir con lechuga finamente picada.

❦ Rinde 6 raciones.

Tacos de jocoque

20	tortillas
1/2	litro de jocoque espeso
6	chiles poblanos
3	huevos
3	jitomates
1	aguacate
1	cebolla mediana
·	manteca
·	sal y pimienta, al gusto

❦ Asar y limpiar los chiles, cortarlos en rajas y freír en manteca; agregar el jitomate previamente asado y molido.

❦ Sazonar con sal y hervir un rato, añadir la cebolla cortada en rajas; dejar resecar.

❦ Incorporar los huevos revueltos, sazonar con sal y pimienta y dejar resecar otra vez; retirar del fuego.

❦ Freír ligeramente las tortillas en manteca caliente (evitar que se doren); rellenar con las rajas preparadas; enrollar en forma de tacos y acomodarlos en un recipiente refractario.

❦ Cubrir con el jocoque y adornar con rebanadas delgadas de aguacate.

❦ Rinde 10 raciones.

Tacos mineros

20	tortillas grandes
1/2 k	carne de cerdo molida
1/2 k	frijoles blancos (alubias)
500 g	papas
300 g	jitomates
50 g	tocino picado
2	tazas de salsa de jitomate con orégano
4	dientes de ajo
2	hojitas de laurel
1	cebolla finamente picada
1	cebolla grande
1	lechuga finamente picada
1	ramita de epazote
·	chiles güeritos bola de vinagre
·	aceite
·	sal, al gusto

❧ Cocer los frijoles con la mitad de la cebolla picada, dos dientes de ajo, tocino, epazote y sal; moler.

❧ Cocer la carne molida con el resto de la cebolla, ajo y laurel.

❧ Pelar y moler las papas previamente cocidas.

❧ Freír en aceite caliente los jitomates y los chiles (picados), los frijoles, las papas y la carne.

❧ Revolver y añadir un poco de caldo de frijol; dejar a fuego lento y revolver hasta obtener una pasta.

❧ Rellenar las tortillas con un poco de la preparación anterior; hacer los tacos; freírlos en aceite hasta que se doren; colocarlos en un platón y adornar con lechuga picada.

❧ Cubrir con salsa de jitomate con orégano y cebolla picada.

❧ Rinde 10 raciones.

Penequitos en salsa verde

1 k	masa
1/2 k	chorizo
1/2 k	tomates verdes
2	tazas de frijoles cocidos
1	cebolla mediana
1	diente de ajo
1	queso fresco, rallado
·	cilantro, suficiente
·	chiles serranos, al gusto
·	cominos, suficientes
·	manteca para freír
·	sal

❧ Preparar con la masa penequitos chicos, del tamaño de una cuarta parte de una tortilla normal.

❧ Ponerles en el centro los frijoles previamente molidos con chorizo, refritos en manteca con cominos y reducidos a pasta.

❧ Doblar la tortilla al centro y también las esquinas y apretar con el fin de que, al poner los peneques a cocer en el comal, no se salga el relleno.

❧ Meterlos en la salsa hirviendo; cuando suavicen, servirlos.

❧ Para preparar la salsa, cocer los tomates con los chiles serranos, moler con cebolla, ajo y cilantro, agregar sal; freír en manteca a que quede una salsa ligera.

❧ Rinde 8 raciones.

Enchiladas verdes

1 k	tortillas chicas
1/2 k	carne de res
250 g	queso añejo rallado
10	chiles poblanos
1/4	litro de crema
·	aceite
·	sal, al gusto

- ❦ Cocer la carne con sal y agua suficiente.
- ❦ Asar, pelar y moler los chiles con crema y la mitad del queso; freír.
- ❦ Freír ligeramente las tortillas en aceite caliente; pasarlas por la salsa y rellenarlas con carne deshebrada.
- ❦ Envolver como taquitos y acomodar en un recipiente refractario.
- ❦ Cubrir con la salsa restante y queso rallado; hornear.
- ❦ Rinde 6 raciones.

Pastel de frijol

20	tortillas
200 g	queso añejo rallado
2	tazas de frijoles cocidos, molidos y refritos
6	chiles pasilla
4	chiles jalapeños en tiras
4	piezas de chorizo
2	dientes de ajo
·	aceite
·	leche
·	molidos y refritos
·	pan molido

- ❦ Partir las tortillas a la mitad; freír ligeramente.
- ❦ Preparar una salsa con chiles pasilla remojados en leche; licuar con leche y ajo y freír hasta que espese.
- ❦ Engrasar un molde de rosca y espolvorear pan molido.
- ❦ Colocar capas sucesivas de tortillas previamente cubiertas de salsa, frijoles, queso rallado, chiles jalapeños y chorizo frito desmenuzado.
- ❦ Hornear durante veinte minutos (170°C).
- ❦ Rinde 6 raciones.

Chiles rellenos

1/2 k	carne de res, puerco o pollo
1/4 k	jitomate picado
1/4	litro de crema
20	pasitas picadas
10	aceitunas picadas
10	almendras picadas
6	chiles poblanos, asados y limpios
1/2	cebolla picada
1	cucharada de vinagre

- ❦ Cocer la carne con ajo, cebolla, sal y agua suficiente; picarla finamente.
- ❦ Acitronar cebolla en aceite caliente; agregar jitomate y vinagre y freír un poco.
- ❦ Agregar la carne, revolver; incorporar aceitunas, pasitas y almendras; sazonar y retirar del fuego.
- ❦ Rellenar los chiles con la preparación anterior; colocarlos en un platón y bañarlos con crema; servir.
- ❦ Rinde 6 raciones.

Chiles rellenos campiranos

6	chiles poblanos verdes
1/4 k	chorizo
300 g	queso
200 g	queso rallado
1	taza grande de frijol cocido
2	jitomates
2	dientes de ajo
2	pimientas
1	cebolla grande
1	clavo
·	cominos

❦ Asar y dejar reposar los chiles; pelarlos y rellenarlos de queso; reservar.

❦ Rebanar la cebolla en lunas y freír en poca grasa, incorporar el chorizo desmenuzado.

❦ Agregar los jitomates licuados con ajo, clavo, pimientas y cominos.

❦ Añadir los frijoles molidos y dejar en el fuego a que el guiso acabe de espesar.

❦ Colocar los chiles rellenos en un recipiente extendido a fuego lento y bañar con el guiso de frijol; cubrir con queso rallado y crema; tapar dos minutos a que el queso se funda; servirlos con arroz.

❦ Rinde 6 raciones.

Queso fundido estilo ranchero

600 g	queso asadero
250 g	chorizo frito y desmenuzado
·	aceite
·	sal y pimienta molida, al gusto

❦ Untar de aceite una cazuela de barro, calentar a fuego medio.

❦ Cortar el queso en trocitos y ponerlos en la cazuela.

❦ Cuando estén a punto de derretirse, agregar chorizo.

❦ Sazonar con sal y pimienta; revolver para que el guiso no se pegue.

❦ Retirar del fuego después de quince minutos y servir de inmediato acompañado de tortillas.

❦ Rinde 6 raciones.

Pozole rojo estilo Aguascalientes

2 k	carne de cerdo (cabeza o hueso de cerdo y carne maciza)
1 1/2 k	maíz especial para pozole
5	dientes de ajo
1	cebolla grande
·	hueso de cerdo y carne maciza
·	chile mirasol
·	orégano y limón
·	sal, al gusto

❦ Cocer la carne con sal, ajo y cebolla en agua suficiente.

❦ Al suavizar, agregar el maíz precocido y enjuagado y el chile tostado, remojado y molido.

❦ Cocer a fuego normal hasta que el maíz reviente.

❦ Servir el pozole con orégano en polvo y jugo de limón.

❦ Rinde 15 raciones.

Pozole de elote

10	elotes tiernos, cortados en trozos
1 k	codillo o de cabeza de puerco
1 k	pollo
3/4 k	chiles poblanos, asados y limpios
10	hojas de lechuga
5	tomates verdes
4	dientes de ajo
1	cebolla picada
·	cilantro
·	recaudo para el servicio
·	tostadas

❦ Cocer la carne de puerco con los elotes en trozos en tres litros de agua.

❦ Incorporar el pollo y cocer a fuego medio.

❦ Licuar los chiles, lechuga, cilantro, ajo, cebolla y tomate; colar y agregar al caldo; sazonar con sal.

❦ Dejar hervir hasta que el guiso sazone y todo esté cocido.

❦ Servir con lechuga picada, cebolla, limón, orégano en polvo, chile de árbol rojo molido y unas tostadas.

❦ Rinde 12 raciones.

Guacamole exquisito

1 k	aguacate
1/4	litro de crema
1/2 k	cueritos en vinagre
1/2 k	verduras en vinagre
2	limones (el jugo)
1	cucharada de aceite
1	jitomate
1/2	cebolla
·	chiles serranos
·	queso ranchero
·	vinagre de chiles
·	sal, al gusto

❦ Pelar los aguacates y ponerlos en agua de sal durante media hora; retirar el hueso y hacer una pasta.

❦ Añadir las verduras y los cueritos picados, crema, jugo de limón, aceite, chiles y cebolla (finamente picados).

❦ Sazonar con sal y el vinagre de los chiles.

❦ Decorar con rebanadas de queso y una flor de jitomate.

❦ Rinde 8 raciones.

Mole casero

2	pollos cocidos
100 g	ajonjolí
1	cucharada de semillas de calabaza
1	cucharada de semillas de chile
1	cucharadita de azúcar
1	cucharadita de cominos
1/4	cucharadita de jengibre
25	pasas
20	almendras
10	cacahuates
8	chiles anchos secos
5	clavos
5	nueces
4	pimientas
3	chiles cascabel
3	dientes de ajo
3	hojas de naranja o limonero
2	chiles mulatos secos
2	tomates verdes
1	bolillo rebanado
1	cebolla
1	plátano macho
1	raja de canela
1	tablilla de chocolate
·	caldo de pollo
·	sal, al gusto

❧ Dorar todo por partes y licuar.

❧ Freír sin dejar de revolver con una cuchara de madera hacia un solo lado, en forma de círculo y de abajo hacia arriba.

❧ Agregar sal, un poco de azúcar y el caldo necesario para que la preparación espese y tome color.

❧ Dejarla hervir a fuego suave durante treinta minutos.

❧ Incorporar los pollos cocidos y cortados en piezas.

❧ Rinde 12 raciones.

CALDOS, SOPAS Y PUCHEROS

Sugerente, natural, con el encanto de la sencillez, resulta esta selección de recetas aguascalentenses para iniciar bien la comida.

Se principia con algunos caldos respetables. El de huerto (a la jardinera) es una garantía; prepararlo bien requiere ingredientes tales como ejotes, zanahorias, col, cebollas chicas, hierbas de olor; la consistencia la dan un poco de tocino, media taza de macarrones y otro tanto de queso rallado.

Una variante se encuentra en la siguiente fórmula, el caldo verde, sobre la base de una pierna de puerco. Van en verde habas, chayotes, calabacitas, tomates, pimientos, chiles serranos, epazote, siempre en verde. Otro buen caldo se incluye luego; con bisteces de res y huesos de puerco se suman a la olla chiles anchos, tomates, especias y un poco de masa para espesar el humeante brebaje.

Las sopas de verduras –del generoso surtido hidrocálido– con o sin leche, con o sin crema y mantequilla, son fáciles de preparar y nutritivas. Conviene recordar la tradición rural; una comida sin sopa no merece tal nombre. La lista que ofrece la cocina familiar, dentro de esta selección, comprende una de champiñones, una de cebolla, una crema de papas y otra de zanahorias. Se observa en varias de ellas un definido antecedente europeo, aunque se arraigan bien las fórmulas con ciertos ingredientes locales y con los modos regionales para integrar los platillos.

También de origen campesino, pero más humildes aunque no menos sabrosas, son la sopa de pan y la de tortilla, dos vertientes del mestizaje gastronómico. La primera lleva, en la versión que se imprime, un plátano macho, huevos cocidos, ciruelas pasa y aceitunas, en original mixtura. La segunda se prepara con tuétano y queso. Ambas resultan un éxito.

Por la nostalgia marina, aunque fundamentalmente por su delicadeza y buen sabor, Aguascalientes ofrece dos fórmulas especiales. Una sopa de ostiones con huevos y ajo y cubitos de pan dorado para redondear el delicioso líquido, y una armoniosa sopa de camarones con leche, aceitunas, alcaparras, ajo, perejil y pimienta. De grande y alta cocina. El caldoso apartado se cierra analizando dos propicias y bien nutridas fórmulas, estilo puchero. La primera, muy española, se llama exactamente chambarete español; a la carne de ternera y algunos huesos con todo y tuétano se agregan muchas verduras y garbanzos y arroz, y asimismo algunos mexicanos xoconostles, para lograr mejor sabor y más fácil digestión.

Las frutas del desierto –los agrios xoconostles– también aparecen en la última receta, de corte más nacional. Se detalla, pausada y sustanciosamente, un rico mole de olla con espinazo y carne de puerco, además de algunas piezas de pollo. Transporta, como era de esperarse, abundantes y bien cocidas verduras, un poquitín de masa de maíz y no poco chile ancho y guajillo. Es asunto mayor, para chuparse los dedos.

Más vale llegar a tiempo… que ser de los invitados

Caldo a la jardinera

1 1/2	litros de caldo
25 g	mantequilla
1/2	taza de macarrones cortados
1/2	taza de queso rallado
2	cucharadas de perejil picado
3	ejotes
3	zanahorias rebanadas
2	cebollas chicas rebanadas
2	jitomates rebanados
1/4	col chica
1	rebanada de tocino picado
·	hierbas de olor
·	pimienta negra molida
·	sal, al gusto

- ❧ Acitronar el tocino con las cebollas en mantequilla.
- ❧ Añadir las zanahorias y cocinar durante cinco minutos; agregar el caldo y dejar hervir.
- ❧ Incorporar el resto de las verduras y las hierbas de olor; condimentar y tapar.
- ❧ Cocer a fuego bajo durante treinta minutos; agregar los macarrones y cocer quince minutos más.
- ❧ Servir el caldo caliente con queso rallado y perejil.
- ❧ Rinde 6 raciones.

Caldo verde

1 k	pierna de puerco, en rueda
1/4 k	habas
1/2	cucharadita de orégano
10	tomates verdes
5	calabacitas picadas en cuadritos
4	chayotes picados en cuadritos
4	chiles serranos
2	pimientos morrones verdes
1	ajo
1	clavo
1	cebolla
1	ramita de epazote
·	sal, al gusto

- ❧ Cocer la carne en agua con un poco de sal y orégano.
- ❧ Cocer aparte las habas (que no queden muy blandas) y, por separado, los chayotes y las calabacitas (que no se recuezan).
- ❧ Licuar los tomates (previamente cocidos) con clavo, ajo, cebolla, un pimiento, chiles serranos cocidos y un poco del agua en que se coció el chayote; la mezcla debe quedar verde.
- ❧ Freír lo licuado en aceite; agregar las habas así como las calabacitas, los chayotes y el otro pimiento (asado y en rajas), la carne, el epazote y caldo; sazonar.
- ❧ Cocer a fuego lento entre cinco y diez minutos; cuidar que las verduras no se deshagan.
- ❧ Rinde 8 raciones.

Caldo de olla

1 k	bisteces de res, cortados en tiritas
1/4	taza de masa
2	cucharaditas de consomé de pollo en polvo
4	cebollas, con todo y rabo
3	tomates verdes
2	chiles anchos
2	dientes de ajo
·	cilantro picado
·	cebolla picada
·	chiles serranos
·	cominos
·	huesos de puerco
·	limones
·	sal, al gusto

❧ Cocer la carne con los huesos de puerco, cebollas, un diente de ajo y sal en agua suficiente.

❧ Tostar los chiles, remojar y licuar con el otro ajo, cominos y tomates verdes; poner al caldo en la carne.

❧ Agregar la masa disuelta en agua y el consomé en polvo.

❧ Servir el platillo con limón, cilantro y cebolla picados y chiles serranos al gusto.

❧ Rinde 8 raciones.

Sopa de cebolla

500 g	cebolla, en rebanadas
6	tazas de caldo
1/4	taza de queso rallado
1/4	barrita de mantequilla
1	cucharada de harina de trigo
1	diente de ajo, machacado
·	pimienta molida
·	rebanadas de pan tostado
·	sal, al gusto

❧ Acitronar las cebollas lentamente en mantequilla hasta que estén cocidas y doradas.

❧ Agregar ajo machacado y harina; dejar cocinar dos minutos.

❧ Enfriar ligeramente antes de verter el caldo; hervir luego, revolviendo constantemente; sazonar al gusto y reducir el fuego.

❧ Tapar y dejar cocer lentamente durante veinte minutos.

❧ Acomodar el queso sobre rebanadas de pan tostado y ponerlas en el asador del horno, a temperatura moderada, hasta que el queso se derrita.

❧ Colocar una rebanada de pan en cada plato y servir el caldo caliente.

❧ Rinde 6 raciones.

Crema de zanahoria

1 1/2	litros de caldo
500 g	zanahorias en cuadritos
2	cucharadas de mantequilla
1	cucharada de harina
1	cebolla rebanada
1	nabo en cuadritos
1	rebanada de tocino picado
1	tallo de apio en cuadritos
·	rebanadas de pan dorado
·	sal y pimienta negra molida

❦ Freír las verduras y el tocino en mantequilla durante cinco minutos; agregar la harina y freír un minuto más.

❦ Añadir el caldo lentamente y dejar hervir; sazonar con sal y pimienta.

❦ Dejar cocer lentamente con el recipiente tapado, hasta que las verduras se cuezan; enfriar y licuarlas con el caldo.

❦ Poner la sopa a hervir nuevamente durante cinco minutos a fuego suave.

❦ Servirla caliente acompañada de rebanadas de pan dorado.

❦ Rinde 6 raciones.

Sopa de champiñones

1 1/2	litros de caldo de pollo
2	tazas de champiñones rebanados
2/3	taza de leche
2	cucharadas de mantequilla
1	cucharada de harina de trigo
1	cebolla rebanada
·	perejil picado
·	pimienta molida
·	sal, al gusto

❦ Acitronar la cebolla en mantequilla hasta que se cueza; agregar los champiñones y saltear durante cinco minutos.

❦ Incorporar harina, mezclar y dejar cocer dos minutos.

❦ Enfriar ligeramente y añadir el caldo y la leche poco a poco.

❦ Cocer a fuego bajo sin dejar de revolver durante quince minutos, sazonar con sal y pimienta.

❦ Adornar con perejil picado y servir.

❦ Rinde 6 raciones.

Sopa de crema y papa

1 1/2	litros de caldo de pollo
250 g	papas
100 g	galletas
50 g	mantequilla
50 g	tocino
1/2	taza de crema
1	cebolla
1	cucharada de harina
·	sal y pimienta, al gusto

❦ Pelar las papas y cocerlas con agua de sal; prensarlas.

❦ Freír cebolla picada, harina y tocino en mantequilla; revolver constantemente hasta que la preparación tenga color dorado ciaro.

❦ Agregar el caldo con las papas molidas, sazonar con sal y pimienta.

❦ Servir cada plato con una cucharada de crema y galletas saladas.

❦ Rinde 6 raciones.

Sopa de pan

1 1/2   litros de caldo de pollo
200 g   jitomate molido
10   ciruelas pasas
3   bolillos rebanados y dorados
     en aceite
2   aceitunas
2   huevos cocidos
1   plátano macho cocido
1   rebanada de cebolla
·   aceite
·   azucar, sal y pimienta

❦ Poner el caldo en el fuego; al hervir, agregar el jitomate frito con la cebolla.

❦ Cocinar a fuego suave y añadir el resto de los ingredientes picados.

❦ Sazonar con una pizca de azúcar, sal y pimienta al gusto.

❦ Rinde 6 raciones.

Sopa de tortillas con tuétano y queso

1 1/2   litros de caldo
12   tortillas frías
100 g   queso fresco
50 g   tuétano
6   papas
3   jitomates grandes
2   huevos
1   diente de ajo
1   rama de apio
1   ramita de perejil
1/2   cebolla
·   manteca
·   perejil picado
·   sal y pimienta, al gusto

❦ Remojar las tortillas, escurrir y moler en metate con queso fresco, tuétano, cebolla, ajo y una ramita de perejil.

❦ Agregar los huevos a la pasta que resulte; sazonar con sal y pimienta al gusto.

❦ Mezclar y hacer bolitas del tamaño de una nuez; dorar en manteca, escurrir y reservar.

❦ Picar las papas en cuadritos y freír en manteca; dejarlas dorar un poco y agregar los jitomates picados, dejarlos freír; añadir el caldo.

❦ Condimentar con sal y pimienta y agregar el apio; al hervir la preparación, incorporar las bolitas de tortilla; cocer a fuego suave hasta que éstas se suavicen.

❦ Servir caliente con perejil picado.

❦ Rinde 6 raciones.

Sopa de ostiones

4	docenas de ostiones
1	litro de caldo de carne
1/2	taza de perejil picado
2	cucharadas de manteca
2	cucharadas de harina
2	dientes de ajo
2	limones (el jugo)
2	yemas de huevo
·	caldo de los ostiones
·	cubitos de pan dorado

♥ Picar finamente los dientes de ajo y freírlos en manteca; dejarlos dorar y agregar el perejil y la harina (no dorarlos mucho).

♥ Incorporar el caldo de carne a que dé unos hervores.

♥ Batir las yemas de huevo y agregar poco a poco al caldo; añadir los ostiones con su propio caldo; cocer veinte minutos.

♥ Servir con cubitos de pan dorado y jugo de limón.

♥ Rinde 6 raciones.

Sopa de camarones

1 1/2	litros de leche
250 g	camarones
100 g	mantequilla
10	aceitunas
2	dientes de ajo
2	jitomates
1	cucharada de alcaparras
1	cucharada de perejil picado
1/2	cebolla
·	sal y pimienta, al gusto

♥ Freír los camarones en mantequilla (no dejarlos mucho tiempo porque se endurecen).

♥ Picar la mitad de los camarones y licuar el resto con leche.

♥ En la misma mantequilla freír jitomates, cebolla, perejil, aceitunas, alcaparras y dientes de ajo (todo picado); sazonar con sal y pimienta.

♥ Calentar la leche con una pizca de bicarbonato para que no se corte.

♥ Incorporar los camarones (los picados y los molidos) y la leche a la preparación frita; servir de inmediato.

♥ Rinde 6 raciones.

Chambarete español

1 k	chambarete de ternera en trozos
1/4 k	huesos con tuétano
200 g	calabacitas tiernas
200 g	papas
200 g	repollo (col)
200 g	zanahorias
150 g	arroz
150 g	garbanzos
3	elotes
2	xoconostles (tunas agrias)
1	rama de cilantro picado
1	rama de hierbabuena
·	ajo
·	cebolla
·	sal, al gusto

- ❤ Cocer la carne con el tuétano, ajo, cebolla y sal.
- ❤ Por separado cocer las verduras picadas con sal, incorporar los garbanzos y el arroz; agregar al caldo quince minutos antes de servir.
- ❤ Añadir hierbabuena y cilantro a que den un hervor; sazonar al gusto.
- ❤ Rinde 8 raciones.

Mole de olla

1 k	espinazo de puerco en trozos
1/2 k	pulpa de puerco en trozos
100 g	masa de maíz
50 g	manteca
4	piernas de pollo con muslo
12	ejotes
8	calabacitas partidas
5	ramas de epazote
4	chayotes partidos
4	chiles anchos (pasados por aceite y remojados)
4	chiles guajillo (pasados por aceite y remojados)
4	dientes de ajo
4	elotes partidos
4	xoconostles partidos
1	cebolla chica
·	sal, al gusto

- ❤ Cocer el espinazo y la pulpa en tres litros de agua con sal; al suavizar, añadir el pollo y el chayote; cocer durante media hora.
- ❤ Agregar calabacitas, xoconostles, elotes y ejotes.
- ❤ Licuar los chiles, ajo y cebolla; colar e incorporar al caldo junto con el epazote (tres ramitas).
- ❤ Mezclar la masa con manteca; hacer bolitas y ponerles una hojita de epazote en el medio; agregar al caldo.
- ❤ Sazonar con sal y dejar hervir hasta que los elotes y las bolitas se cuezan bien.
- ❤ Rinde 12 raciones.

Pescados y Verduras

PESCADOS Y VERDURAS

Práctica y sencilla sección de recetas, a base de productos del mar, ofrece Aguascalientes. Pese a su lejanía de las costas, a la ausencia de lagos y lagunas, al hecho de ser entidad de "tierra adentro", la cocina familiar aprovecha con fruición la tradición de otras regiones, aporta sus matices y logra platillos excelentes.

Así, llegan a la mesa unas empanadas de sardina con hongos y aceitunas o unas tortitas de atún mezclado con huevo, sin tener necesidad de pescado fresco. Lo mismo puede decirse del bacalao en chile, pues se obtiene salado en el mercado y se sazona con especias y chile ancho.

Diferente es la historia del cazón al piquín, que se presenta luego, pues se requiere la frescura del animal para proceder a tramar su ardoroso encuentro con el caldillo de chile de la fórmula. También frescos deben ser los pulpos, aunque hayan sido curiosamente bautizados como "regionales"; la receta pide aprovechar la tinta de los moluscos y prepararlos con vino blanco, jitomate, cebolla y chile ancho.

Fórmula infalible para cocinar un pescado común y corriente, cuando su sabor no es muy suave o delicado, es la de guisarlo al ajo con aceite de oliva, perejil y un poco de chile. Pero ciertas especies finas requieren, obviamente, mayor gasto y esfuerzo. Por ejemplo, la del benemérito y famoso huachinango que tanto gusta en todo el país. Aquí van tres recetas dedicadas a él, que son un placer para cocinar y comer.

¿Qué tal un huachinango con papas, aliñado con mayonesa y huevos duros? ¿O al estilo mexicano? Incorpora jitomates, vinagre, aceitunas, alcaparras y chiles jalapeños, además de limón, especias y hierbas de olor. ¿O el huachinango de Navidad? Como el anterior, se pide entero y va al horno, y se aroma para el bello día con aceitunas, chícharos, hierbas de olor y pimientos morrones, sin nada de picante.

Fresco entreacto ofrece enseguida, entre pescados y verduras, la ensalada surtida. Mezcla col morada, lechuga romanita, zanahorias, apio y piña en almíbar con mayonesa, crema y salsa embotellada de jitomate.

De tradición local son los frutos del huerto o del desierto. Aparecen primero los nopales con charales y guisados con chile guajillo. Después lampreados, en cuyo caso se cuecen y luego, entre cada par de tiernas pencas, se acomoda una rebanada de queso; se reboza el emparedado y se sirve en una salsa caldosa de chile pasilla.

Al ajillo se pueden preparar unos champiñones salteados, con un poco de jerez seco o coñac, mientras que la coliflor cocida en anís se acompaña oronda de un guacamole picosito.

De raíz indígena son los huauzontles en pasilla, que en la versión que se propone se rellenan, al modo de los nopales lampreados que antes se examinaron. Las fórmulas restantes y con las cuales termina la sección, seguramente llegaron de Europa, si bien dos de ellas tienen por base a la papa americana.

Desfilan, pues, como gran final, la manera de bien hacer unas provocativas papas horneadas, al estilo francés; una nutritiva torta de puré de papa con verduras; unos ejotes tiernos, salteados, y unas finas berenjenas rellenas de jamón y queso, rebozadas en huevo y fritas.

Bacalao recalentado, es más bueno que el guisado

Empanadas de sardina

1/2 k	pasta de hojaldre
100 g	aceitunas picadas
1	lata de sardinas en jitomate
1/2	taza de hongos cocidos y picados
3	chiles jalapeños en vinagre picados
2	yemas de huevo batidas
1	cebolla finamente picada
1	jitomate grande picado
·	sal y pimienta, al gusto

❦ Mezclar las sardinas limpias con jitomate, chile, cebolla, aceitunas, hongos, sal y pimienta.

❦ Extender la pasta de hojaldre (dejarla de medio cm de espesor).

❦ Cortar círculos de diez cm de diámetro; rellenar con una cucharada del preparado de sardinas; doblar, presionar los bordes con un tenedor para formar la empanada.

❦ Barnizar con yema batida y colocar las empanadas en una charola de horno previamente engrasada.

❦ Cocer en el horno a calor regular durante veinticinco minutos, hasta que se doren.

❦ Rinde 6 raciones.

Tortitas de atún

1 1/2	tazas de atún desmenuzado
1	taza de puré de jitomate
3	cucharadas de cebolla picada
2	cucharadas de harina
1	cucharada de perejil picado
2	chiles serranos picados
2	huevos
·	sal y pimienta, al gusto

❦ Mezclar el atún con una cucharada de cebolla y perejil.

❦ Batir las claras de huevo a punto de turrón; agregar las yemas y batir ligeramente.

❦ Incorporar harina poco a poco junto con la mezcla de atún (con movimientos envolventes).

❦ Freír cucharadas de esta preparación en aceite caliente (dorar por ambos lados).

❦ Servirlas con salsa de jitomate (para preparar la salsa, acitronar en aceite dos cucharadas de cebolla finamente picada; añadir una taza de puré de jitomate y freír a fuego lento durante tres minutos; agregar una taza de agua, sal, pimienta y dos chiles serranos picados; incorporar las tortitas a que den un hervor).

❦ Rinde 6 raciones.

Bacalao en chile

1/2 k	bacalao cocido y desmenuzado
3	cucharadas de aceite de oliva
3	cucharadas de pan molido
6	cominos
4	chiles anchos
3	clavos
3	dientes de ajo
1	rajita de canela
·	sal, al gusto

❧ Remojar el pescado durante veinticuatro horas (cambiar varias veces el agua).

❧ Desvenar y remojar los chiles; molerlos con ajo, canela, cominos y clavos.

❧ Freír la salsa en aceite, agregar pan molido, revolver y, al soltar el hervor, incorporar el bacalao con un poco de agua.

❧ Cocer a fuego lento durante veinte minutos; servir caliente.

❧ Rinde 6 raciones.

Cazón al piquín

1 k	cazón cortado en rebanadas
1/2 k	jitomates
1	taza de caldo
1/2	cucharada de chile piquín en polvo
1	cebolla finamente picada
1	chile güero picado
1	rama de epazote picada
·	aceite

❧ Sofreír cebolla, epazote y el chile güero en aceite, dejar acitronar; añadir los jitomates pelados y picados; tapar y dejar en el fuego durante cinco minutos.

❧ Agregar el chile piquín en polvo y revolver.

❧ Colocar las rebanadas de cazón en la salsa; dejar hervir unos minutos a fuego manso y añadir el caldo; dejar cocer y sazonar al gusto.

❧ Rinde 8 raciones.

Filete al ajo

6	rebanadas de filete de pescado
1/2	taza de aceite de oliva
8	dientes de ajo picados
1	rama de perejil picada
·	chiles serranos
·	sal, pimienta y canela molida

❧ Freír en aceite ajo, perejil, sal y pimienta; al cambiar de color el ajo, incorporar las rebanadas de pescado.

❧ Freír durante media hora a fuego lento con la cacerola tapada; darlos vuelta de vez en cuando.

❧ Espolvorear un poco de canela y agregar los chiles serranos picados.

❧ Servir los filetes calientes con ensalada de lechuga y rebanadas de jitomate a la vinagreta.

❧ Rinde 6 raciones.

Pulpos regionales

1 k	pulpos
3	bolsas de tinta
1/4	taza de vinagre
1/4	taza de vino blanco
3	cucharadas de perejil picado
2	cucharadas de aceite de oliva
2	cucharadas de manteca
1	cucharada de cilantro picado
2	dientes de ajo picados
2	jitomates pelados y picados
1	cebolla
1	chile ancho
·	sal, al gusto

❧ Limpiar y cortar los pulpos en trozos regulares; disolver la tinta en vinagre y agua.

❧ Cocer los pulpos con la tinta, la mitad de la cebolla y un diente de ajo durante tres horas, hasta que se suavicen.

❧ Freír en manteca los jitomates, el resto de la cebolla picada y el otro diente de ajo; licuar el chile con el vino y añadir.

❧ Hervir hasta que la salsa se concentre; agregar, por último, perejil, cilantro y aceite de oliva.

❧ Incorporar los pulpos con un poco de caldo y dejar hervir quince minutos a fuego suave, sazonar al gusto; servir con arroz blanco.

❧ Rinde 8 raciones.

Huachinango a la mexicana

1 1/4 k	huachinango entero y limpio
100 g	aceitunas
2	tazas de puré de jitomate
1	cucharada de alcaparras
1	cucharada de vinagre
1/2	cucharadita de azúcar
3	dientes de ajo
3	jitomates
1	cebolla finamente picada
1	rama de perejil picada
·	aceite y caldo
·	chiles jalapeños
·	limones
·	orégano, laurel, tomillo y mejorana
·	sal y pimienta, al gusto

❧ Sofreír cebolla y ajo en aceite; dejar acitronar y agregar los jitomates picados y el puré de jitomate; dejar resecar.

❧ Agregar perejil, azúcar, hierbas de olor, vinagre y un poco de caldo; sazonar al gusto.

❧ Verter una parte de la salsa en un recipiente refractario; colocar encima el huachinango, cubrir con el resto de la salsa; añadir aceitunas, alcaparras y chiles en rajitas.

❧ Cocer en el horno a calor moderado; servir el pescado con ensalada y rebanadas de limón.

❧ Rinde 8 raciones.

Huachinango con papas

1 1/2 k   huachinango entero y limpio

500 g   papas cocidas

1   taza de mayonesa

1/4   taza de aceite

1   cucharada de salsa de jitomate

        (catsup)

4   huevos cocidos

4   pepinillos

3   ramas de perejil

2   hojas de laurel

1   cebolla

1/2   limón (el jugo)

·   sal y pimienta, al gusto

❦ Cocer el pescado entero durante quince minutos en una olla grande con agua, sal, limón, aceite, perejil, cebolla y laurel.

❦ Dejar enfriar el pescado en el caldo; escurrir y colocarlo en un recipiente refractario cubierto con rodajas de papas cocidas con sal.

❦ Adornar con huevos duros y pepinillos cortados a la mitad y cubrir con mayonesa mezclada con salsa de jitomate (catsup).

❦ Hornearlo durante diez minutos (170°C).

❦ Rinde 8 raciones.

Pescado de Navidad

1 1/4 k   huachinango entero

1/2 k   chícharos cocidos

2   tazas de mayonesa

3   pimientos morrones rojos

        (enlatados)

2   hojas de laurel

1   cebolla

·   aceitunas

·   hierbas de olor

·   sal y pimienta, al gusto

❦ Cocer el pescado entero en agua suficiente con cebolla rebanada, laurel, hierbas de olor, sal y pimienta (cuidar que no se rompa ni se cueza demasiado).

❦ Colocarlo en un platón grande ovalado (escurrir bien el agua); dejarlo enfriar y cubrirlo con mayonesa.

❦ Cortar los pimientos morrones en tiras largas; hacer tres flores de Nochebuena y adornar con ellas el pescado.

❦ Colocar una aceituna en el centro de cada flor y los chícharos alrededor del pescado; servir en frío.

❦ Rinde 8 raciones.

Coliflor en aguacate

1   coliflor

3   aguacates

1   chile verde asado y molido

1   cucharadita de anís

1   jitomate asado y molido

·   sal, al gusto

❦ Cocer la coliflor con anís; tirar el agua y terminar de cocer en agua con sal; escurrir (procurar que la coliflor no se enfríe).

❦ Preparar guacamole con los aguacates machacados, jitomate, chile y sal; cubrir la coliflor con el guacamole, espolvorear queso y servir.

❦ Rinde 6 raciones.

Ensalada surtida

1/2 k	zanahorias
1	litro de agua con el jugo de un limón
1	taza de crema
1/2	taza de mayonesa
1/2	taza de salsa de jitomate (catsup)
5	tallos de apio
1	col morada
1	lechuga romanita
1	lata de piñas en almíbar

❦ Picar finamente la col y desflemarla en agua con limón durante una hora; escurrir y agregarle la lechuga cortada en trozos.

❦ Pelar y rallar las zanahorias; picar los apios y las piñas escurridas; revolver.

❦ Mezclar mayonesa, crema y salsa de jitomate embotellada (catsup).

❦ Refrigerar por separado y unir en el momento de servir.

❦ Rinde 8 raciones.

Nopales con charales

1/2 k	charales
1/2 k	nopales cortados en cuadritos
3	chiles guajillo
1	cebolla chica picada
1	chile mulato
·	aceite
·	sal, al gusto

❦ Cocer los nopales en agua con sal; escurrir y enjuagar.

❦ Acitronar la cebolla en aceite caliente; agregar los chiles licuados (previamente pasados por aceite y remojados) y freír.

❦ Incorporar los nopales y una taza de agua; freír los charales y agregarlos; dejar hervir durante media hora.

❦ Rinde 6 raciones.

Nopales lampreados

24	nopalitos medianos
1 k	jitomates
1	taza de harina
4	huevos
3	chiles pasilla secos
2	cucharadas de consomé de pollo en polvo
1	pedazo de cebolla
1	diente de ajo
1/4	cebolla
·	aceite
·	queso fresco
·	sal y pimienta, al gusto

❦ Cocer los nopales en agua con sal, ajo y cebolla; escurrir.

❦ Poner una rebanada de queso entre dos nopales; sujetar con palillos.

❦ Espolvorear los nopales con harina, pasarlos por huevo batido y freírlos en aceite caliente.

❦ Asar los jitomates y licuarlos con cebolla, freír en aceite caliente; agregar consomé de pollo en polvo.

❦ Freír ligeramente el chile pasilla en aceite, incorporarlo en trozos a la salsa cuando esté hirviendo; sazonar con sal y pimienta.

❦ Colocar los nopales en la salsa y darles un hervor; servir.

❦ Rinde 12 raciones.

Champiñones salteados al ajillo

500 g   champiñones cortados en rodajas

50 g   mantequilla

2   cucharadas de jerez (seco) o coñac

2   cucharadas de perejil picado

2   ajos picados

·   sal y pimienta, al gusto

❧ Freír los champiñones y saltearlos en mantequilla; condimentarlos con sal y pimienta.

❧ Añadir dientes de ajo, perejil y coñac.

❧ Tapar el recipiente y cocer a fuego fuerte durante dos minutos.

❧ Servir los hongos calientes.

❧ Rinde 6 raciones.

Huauzontles en pasilla

1 k   huauzontles

1 1/2   tazas de caldo de pollo

1/4   litro de crema

6   chiles pasilla (pasados por aceite y remojados)

5   huevos

2   dientes de ajo

1   jitomate

1   cebolla chica

·   aceite

·   harina

·   queso fresco en rodajas

·   sal, al gusto

❧ Cocer los huauzontles en agua con sal; escurrir.

❧ Licuar los chiles con jitomate, cebolla y ajo; colar.

❧ Colocar una rebanada de queso en el centro de cada huauzontle; enharinar y capear con huevo batido (primero batir las claras y después las yemas); freír en aceite caliente.

❧ Freír el chile molido, agregar el caldo de pollo y sazonar con sal.

❧ Colocar los huauzontles en la salsa de chile y hervir durante quince minutos (dejar espesar un poco).

❧ Retirar del fuego y servir con crema.

❧ Rinde 6 raciones.

Ejotes tiernos salteados

500 g   ejotes tiernos cocidos

50 g   mantequilla

50 g   tocino

1 1/2   tazas de salsa de jitomate

·   perejil fresco, picado

❧ Freír tocino picado en mantequilla; al dorar, saltear los ejotes; revolver de vez en cuando.

❧ Agregar la salsa de jitomate y dejarla cocer a fuego suave; espolvorear perejil y servir.

❧ Rinde 6 raciones.

Papas al estilo francés

1 k	papas (cocidas, peladas y cortadas en rebanadas delgadas)
200 g	jamón picado
200 g	queso rallado
100 g	mantequilla
1/4	litro de crema
1/2	litro de leche
2	huevos
·	sal y pimienta blanca, al gusto
·	pan molido

- ❦ Mezclar la crema con los huevos y la leche.
- ❦ Engrasar un molde refractario con mantequilla; colocar capas sucesivas de papa rebanada, jamón, queso, trocitos de mantequilla, sal, pimienta y la mezcla de crema; espolvorear pan molido.
- ❦ Meter al horno caliente hasta que se dore; servir.
- ❦ Rinde 8 raciones.

Torta de papa y verduras

250 g	colecitas de Bruselas, cocidas y partidas
250 g	puré de papas
50 g	mantequilla
·	sal y pimienta negra, al gusto

- ❦ Mezclar puré de papa con las colecitas, sal y pimienta.
- ❦ Fundir la mantequilla en una sartén a fuego suave.
- ❦ Agregar la mezcla de papa; aplanar y dejar dorar; darla vuelta con cuidado y dejarla dorar por ambos lados; servir.
- ❦ Rinde 6 raciones.

Emparedados de berenjenas

4	berenjenas medianas
150 g	jamón
150 g	queso Gruyère cortado muy fino
3	huevos
·	harina y aceite

- ❦ Pelar las berenjenas y rebanarlas a lo largo (de un centímetro de espesor); abrirlas a la mitad.
- ❦ Sumergirlas en agua salada para evitar que se oscurezcan; escurrir y secar.
- ❦ Rellenarlas con una rebanada de jamón y una de queso; pasarlas por huevo batido y harina, freírlas en aceite abundante.
- ❦ Dejarlas dorar, retirarlas y escurrirlas.
- ❦ Rinde 6 raciones.

Distinguido apartado, de europeizantes modales, conforma esta criolla selección de recetas de la comida familiar hidrocálida. Y en tal línea se presentan unas chambergos emperifollados, los cuales consisten en piernas de pollo (con muslo) que se hornean con jitomate, cebolla, almendras, pasas, especias y perejil. Añaden unas rajas de chile para recordar su raigambre nacional.

De evocación ultramarina resulta igualmente el pollo que continúa, en salsa blanca y a base de mantequilla, harina, leche y unos granos de elote. Lo mismo se murmura del pollo relleno de la siguiente página, con arroz y pimientos –rojos y verdes–, pues ciertamente trasciende su origen ibérico. Igualmente horneados, los jugosos pollos que se ofrecen, con vino blanco, vinagre y especias, integran un equilibrado y atractivo platillo para toda la familia.

El simpático conejo abunda en la comarca, de manera que el recetario aguascalentense lo incluye en un incitante pastel. La carne, deshuesada y bien cocida, se muele con ubre de ternera y se revuelve con muchas yemas de huevo, pimientas y nuez moscada. Las tiras de tocino contribuyen al encuentro del sápido gusto del manjar. Tras la curiosa propuesta de un flan de salchichas, que nórdicamente se enriquece con el fuerte aroma del poro y una cucharada de mostaza, el suculento cerdo se reserva algunas sugerencias excelentes. Atención, ya que verdaderamente se trata de una sinfonía porcina.

Las chuletas empapeladas –primer tema– incorporan jamón, tocino, chorizo y aceitunas. Con aire mexicano, el lomo al chipotle –segundo tema– proporciona el sabor y la añoranza nacional. De colores es el lomo arco iris –apetitoso tema tercero–, con su pimiento morrón, huevos cocidos, pasitas, tocino, aceitunas y aun dos naranjas amarillas.

Luego, unas suaves escalopas de cerdo –en salsa de chile ancho, vinagre y cebolla, con papas al horno y guacamole– son el grato puente para el allegro finale. Se escuchan sonrientes armonías, pues llega la pierna de cerdo glaseada con miel, vinagre, vino y especias, composición magnífica que requiere largas horas y un buen horno.

Notables son las fórmulas con las que cierran el apartado. De altísima cocina. Primer caso: con orejones de durazno, correosos y agridulces, se rellena una pierna de cordero antes de llevarla al horno. Los resultados son óptimos. Segundo caso: una de las mejores formas de preparar y de comer la lengua de res viene en la fina salsa de almendras con jitomate, con el aliño del pimiento morrón y las aceitunas. Es de chuparse la lengua.

Concluye el apartado (último caso) tras el detallado análisis de una carne de res a la cerveza, y su larga lista de ingredientes: zanahorias, puré de jitomate, champiñones, especias y, desde luego, una propicia aguja (de res) y una buena negra (de malta).

"Pero el clou –como dicen los franceses–, o la cereza del helado de la feria, son los puestos de pollo… A la salida de los gallos, de la partida, de los tablados, no hay feriante ni familia local que no pase a saborear el plato de pollo, de enchiladas u otro antojito a los puestos alineados en un costado del bello jardín de San Marcos."

La feria de abril
RENATO LEDUC

Chambergos

6	piernas de pollo con muslo (cocidas)
300 g	jitomates rebanados
1	taza de caldo de pollo
1/2	taza de almendras
1/2	taza de pasas
3	cucharadas de manteca
3	cucharadas de perejil picado
1	cebolla rebanada
·	clavo, canela y sal
·	rajas de chiles en vinagre

❧ Colocar en un recipiente refractario engrasado las piezas de pollo, rebanadas de jitomate, cebolla, almendras, pasas, rajas de chile y perejil; bañar con manteca derretida.

❧ Agregar una taza de caldo y sazonar con clavo, canela y sal.

❧ Hornear durante media hora aproximadamente (180°C); servir.

❧ Rinde 6 raciones.

Pollo relleno

1	pollo grande (con menudencias)
50 g	mantequilla
1	taza de arroz cocido
1	cucharada de cilantro molido
1	cucharada de cominos molidos
2	jitomates picados
1	cebolla picada
1	pimiento rojo crudo (picado)
1	pimiento verde crudo (cortado en tiras)
·	sal y pimienta, al gusto

❧ Lavar las menudencias y cocerlas en cuatro tazas de agua con sal.

❧ Picar el pollo por todas partes y untar el interior con cilantro y comino molidos.

❧ Derretir la mitad de la mantequilla; incorporar el arroz cocido, las tiras de pimiento morrón verde, del rojo y los jitomates picados; sazonar con sal y pimienta y dejar en el fuego a que la mezcla se reseque.

❧ Rellenar el pollo con esta preparación.

❧ Freír la cebolla picada en el resto de la mantequilla hasta que se dore; incorporar el pollo y dorarlo.

❧ Colocar el pollo con la cebolla en un recipiente refractario hondo; agregar el caldo preparado con las menudencias; tapar y hornear durante hora y media

❧ Servir con ensalada y papas cocidas.

❧ Rinde 6 raciones.

Pollo en salsa blanca

6	piezas de pollo tierno
50 g	mantequilla
1	taza de granos de elote
1	taza de leche
1/4	taza de harina
4	cucharadas de aceite
3	pimientos morrones (desvenados, cortados en tiras y fritos en mantequilla)
1/4	cebolla picada
·	sal, al gusto

❧ Freír el pollo en dos cucharadas de aceite hasta que se cueza y dore; sazonar con sal; reservar.

❧ Aparte, fundir mantequilla con el resto del aceite, añadir la cebolla, dejarla acitronar e incorporar la harina.

❧ Al empezar a dorar, añadir la leche y revolver.

❧ Agregar media taza de agua, sal y los granos de elote.

❧ Incorporar el pollo a que dé un hervor en la salsa; agregar los pimientos morrones y tapar la cacerola.

❧ Rinde 6 raciones.

Pollos al horno

2	pollos limpios, cortados en cuartos
1/4	litro de vinagre
1/4	litro de vino blanco
1/2	taza de aceite
4	cucharadas de ajonjolí tostado
3	cucharadas de perejil picado
2	cebollas rebanadas
·	aceitunas y chiles cuaresmeños
·	clavo y canela molida
·	sal, al gusto

❧ Engrasar un recipiente refractario con manteca; colocar una capa de cebolla, perejil, clavo, canela y ajonjolí; acomodar encima las piezas de pollo.

❧ Bañar con el vino, vinagre y aceite y añadir aceitunas, chiles en rajas y sal; tapar y cocer en el horno durante cuarenta y cinco minutos.

❧ Rinde 8 raciones.

Pastel de conejo

1	conejo mediano
1/2 k	ubre cocida de ternera
1/4 k	tocino
10	yemas de huevo
·	pimientas, sal y nuez moscada

❧ Partir el conejo en raciones; cocerlo en su jugo a fuego lento; al suavizar, deshuesarlo y molerlo con la ubre.

❧ Mezclar la carne molida con yemas de huevo, pimientas, nuez moscada y sal.

❧ Cubrir un recipiente con tiras de tocino, acomodar encima la pasta de carne y tiras de tocino.

❧ Cocer en el horno a baño María durante treinta minutos.

❧ Servir con ensalada.

❧ Rinde 10 raciones.

Flan de salchichas

450 g	salchichas molidas
1	taza de leche
1/2	taza de pan molido
3/4	taza de queso rallado
1 1/2	cucharadas de harina de trigo
1	cucharada de mantequilla
1/2	cucharada de mostaza
3	poros cortados en rebanadas
1	cebolla picada
1	huevo batido
·	sal y pimienta molida, al gusto

❦ Mezclar la carne de salchicha con cebolla, pan, sal, pimienta y huevo batido.

❦ Engrasar un molde para flan y verter la preparación anterior.

❦ Hornear durante veinticinco minutos a 200°C; la preparación debe cocerse por dentro y dorarse por fuera.

❦ Dejar enfriar, desmoldar sobre un platón refractario; reservar.

❦ Cocer los poros en agua con sal; tirar el agua y escurrir.

❦ Dorar la harina en mantequilla y revolver durante un minuto; añadir gradualmente la leche y hervir durante dos minutos.

❦ Sazonar al gusto, agregar mostaza y queso (apartar tres cucharadas) hasta que se derrita; incorporar los poros y revolver; verter esta salsa sobre la carne.

❦ Espolvorear el resto del queso y hornear nuevamente hasta que el queso gratine.

❦ Rinde 6 raciones.

Chuletas empapeladas

8	chuletas de cerdo (sin hueso y aplanadas)
200 g	jamón
150 g	chorizo picado
100 g	tocino picado
1/2	taza de aceitunas
2	jitomates
1	manojito de perejil
·	aceite
·	sal y pimienta, al gusto
·	papel aluminio

❦ Untar las chuletas con sal, pimienta y un poco de aceite; picar jamón, aceitunas, jitomates y perejil.

❦ Freír el tocino y el chorizo picados; escurrir el exceso de grasa; incorporar los demás ingredientes picados; dejar en el fuego a que resequen.

❦ Colocar cada chuleta en un cuadro de papel aluminio; distribuir encima los ingredientes picados y guisados; envolver bien y acomodar en un recipiente refractario.

❦ Cocer en el horno hasta que las chuletas se suavicen.

❦ Servirlas con el mismo papel alumnio; acompañar con ensalada al gusto.

❦ Rinde 8 raciones.

Lomo en chipotle

1 k	lomo abierto
450 g	jitomate asado
250 g	jamón
4	huevos
3	chiles chipotle (enlatados)
2	cucharadas de perejil picado
·	sal y pimienta, al gusto

- ❦ Batir los huevos; freírlos en aceite y formar una tortilla delgada.
- ❦ Extender el lomo y untarlo con sal y pimienta.
- ❦ Colocar la tortilla de huevo, el jamón en cuadritos y el perejil sobre el lomo; enrollarlo y atarlo con un hilo.
- ❦ Dorar el rollo de carne en aceite caliente por todas partes.
- ❦ Moler el jitomate con los chiles y añadirlos al lomo.
- ❦ Dejar hervir a fuego moderado hasta que la carne se cueza; quitar el hilo; rebanar la carne y bañarla con la salsa en que se coció.
- ❦ Rinde 8 raciones.

Lomo arco iris

1 k	puerco abierto para enrollar
150 g	tocino
100 g	pasitas
4	huevos cocidos
2	naranjas
1	lata de pimientos morrones
1/2	taza de aceitunas
·	sal y pimienta, al gusto

- ❦ Condimentar el lomo con sal y pimienta.
- ❦ Partir los pimientos morrones en tiritas; picar las aceitunas y los huevos cocidos.
- ❦ Colocar sobre el lomo los pimientos, huevos y aceitunas picadas y las pasitas.
- ❦ Enrollar y cubrir el lomo con rebanadas de tocino; envolverlo con papel aluminio y cocerlo en el horno en un recipiente refractario.
- ❦ Retirar con cuidado el papel aluminio y bañarlo con jugo de naranja; hornear de nuevo hasta que se dore.
- ❦ Dejarlo enfriar y rebanarlo y bañarlo con su propia salsa.
- ❦ Rinde 8 raciones.

Lengua almendrada

1 k	lengua de res cocida
400 g	jitomates
150 g	almendras peladas y doradas
4	chiles serranos en rajas
2	cebollas medianas
1	lata de pimiento morrón rojo
1/2	taza de aceitunas
·	aceite

- ❦ Pelar la lengua cocida y rebanarla delgado.
- ❦ Freír las cebollas en rodajas con las rajas de chile; dejar acitronar e incorporar la lengua; freír otro poco.
- ❦ Asar los jitomates y licuar con las almendras; agregar a la lengua y dejar hervir otro poco.
- ❦ Añadir el pimiento morrón en rajas y las aceitunas.
- ❦ Rinde 8 raciones.

Escalopas de cerdo

3/4 k	lomo (entero y limpio)
1	taza de lechuga romanita picada
4	chiles anchos remojados
4	dientes de ajo
3	papas grandes rebanadas
2	aguacates
1	cebolla
1	jitomate asado, molido y colado
·	aceite y vinagre
·	sal, pimienta y orégano

❦ Licuar los chiles con cebolla, ajo, dos cucharadas de vinagre, sal y pimienta.

❦ Bañar la carne y asarla en el horno a fuego fuerte durante una hora (agregar agua en caso necesario).

❦ Cocer las papas en el horno al mismo tiempo que la carne, dejar enfriar la carne y rebanarla.

❦ Mezclar la pulpa de los aguacates con jitomate, aceite, vinagre, orégano, sal, pimienta y lechuga.

❦ Servir la carne sobre una rebanada de papa; acompañar con guacamole.

❦ Rinde 8 raciones.

Cordero asado con duraznos

1 k	carne de cordero (sin hueso y abierta)
1 1/2	tazas de orejones de duraznos (remojarlos toda la noche)
1 1/4	tazas de caldo
1/4	taza de arroz cocido
3	cucharaditas de fécula de maíz
2	cucharadas de mantequilla
2	cucharadas de perejil picado
1/2	cucharada de especias molidas (clavo, cominos, tomillo)
1	cebolla picada
1	huevo batido
1/2	limón (la ralladura)
·	un poco de aceite
·	sal y pimienta molida, al gusto

❦ Cocer los duraznos durante diez minutos en la misma agua en que se remojaron; escurrir (reservar el líquido) y picarlos.

❦ Acitronar la cebolla picada en mantequilla; retirar del fuego y añadir ralladura de limón, perejil, sal, pimienta, especias, arroz cocido y los orejones; mezclar con el huevo batido.

❦ Colocar la carne sobre una tabla y rellenarla con la preparación anterior; enrollar y sujetar con un cordón fino.

❦ Colocar en una charola para horno, rociar con aceite y sazonar ligeramente.

❦ Hornear a 220°C hasta que la carne se cueza; bañarla vez en cuando con su propio jugo; retirar del horno, rebanarla y servirla con salsa.

❦ Para preparar la salsa, diluir fécula de maíz en un tercio de agua fría; mezclar con el jugo de la carne, media taza del agua en que se cocieron los duraznos y caldo; hervir a fuego suave y sazonar al gusto.

❦ Rinde 8 raciones.

Carne a la cerveza

1 k	aguja de res (en un trozo)
1 1/2	tazas de cerveza negra
1	taza de caldo
1	taza de champiñones limpios
3	cucharadas de harina de trigo
3	cucharadas de perejil picado
2	cucharadas de manteca
2	cucharadas de puré de jitomate
1	cucharadita de azúcar
1	cucharadita de vinagre
2	cebollas en rebanadas finas
2	zanahorias rebanadas
1	diente de ajo machacado
1	hoja de laurel
·	sal y pimienta molida, al gusto

♥ Cortar la carne en bisteces; mezclar harina con sal y pimienta y revolcar los bisteces.

♥ Freír ligeramente la carne y colocarla en un recipiente refractario.

♥ Freír cebolla y ajo en la misma grasa, dejar dorar; agregar la harina y dorarla también.

♥ Añadir la cerveza gradualmente y el caldo; revolver hasta que la preparación hierva.

♥ Incorporar el resto de los ingredientes excepto los champiñones; verter la salsa sobre la carne.

♥ Tapar con papel aluminio y hornear durante hora y media; agregar los champiñones.

♥ Rectificar sal y pimienta; cocinar durante media hora más hasta que la carne se cueza bien.

♥ Servir con perejil picado.

♥ Rinde 6 raciones.

Pierna de cerdo glaseada

2 k	pierna de cerdo deshuesada
1/2	taza de azúcar morena
2	cucharadas de vinagre de vino
1	cucharada de miel
4	clavos de olor
1	hoja de laurel

♥ Colocar la pierna en una cacerola grande con agua; añadir clavos, laurel y dos cucharadas de azúcar morena; dejar hervir.

♥ Quitar la espuma; tapar el recipiente y cocer a fuego lento durante treinta y cinco minutos.

♥ Colar la carne; envolverla en papel aluminio y hornearla a 180°C treinta y cinco minutos.

♥ Retirar el papel aluminio; hacer cortes en forma de rombo en la pierna; calentar el vinagre y la miel y bañarla; espolvorear azúcar.

♥ Hornear de nuevo hasta que la pierna se cueza por dentro y se dore por fuera.

♥ Rinde 15 raciones.

Panes, Postres y Dulces

PANES, POSTRES Y DULCES

De altísima calidad, este apartado final del recetario familiar aguascalentense reúne excelentes propuestas reposteras y dulceras. En su primera parte –repostería– se presentan algunas galletas y bizcochos irrepetibles, tartas selectas y pasteles magníficos. Las dos primeras fórmulas ofrecen la posibilidad de unas galletas de miel o unos polvorones de naranja para la media tarde o la noche. Las galletas llevan canela, clavo y cardomomo, y los polvorones requieren tanto el jugo como la raspadura de la naranja.

La cocina estatal prosigue con un gratísimo rollo de manzanas, enriquecido con pasitas, piñones, canela y una copa de coñac. La receta es de gusto finísimo. Siguen dos tartas. La de duraznos frescos, con el apoyo de media taza de vino blanco dulce y una cucharadita de ralladura de naranja, y otra bautizada como "reina", porque lo es, de almendras y yemas de huevo, de evidente molde hispánico.

Después es tiempo de pasteles. El que va por delante –de frutas y almendras– aprovecha la variedad de las frutas cristalizadas, pero además añade ciruelas pasa, cerezas en almíbar y pasitas. El pastel de naranja se basa en la raspadura y el jugo del cítrico, para batirlos bien con yemas de huevo, azúcar y harina. El pastel de mango se elabora con la fruta fresca molida, esencia de almendras y leche agria.

La sección dulcera da principio con un par de postres de fruta. El primero se prepara con la variedad del mango llamado "petacón", claras de huevo y una taza de ron. El segundo también es un postre envinado, pues hay que incorporar una copita de jerez seco o de ron a la pasta de jícama, leche, azúcar y yemas, antes de decorarla con almendras y dorarla bajo la flama del horno. Una "jicamada" o jamoncillo de jícama, en verdad estupendo.

Liviano paréntesis abren dos originales recetas para gelatinas. La conocida como exquisita se construye con yemas y claras de huevo, cocoa, nueces, soletas, extracto de vainilla, pintura vegetal y leche; levanta, de tal modo, la pirámide cimbreante de sus colores; rosa, blanco níveo y chocolate pálido. Por su parte, la gelatina de mamey pide la exquisita y roja pulpa de esta fruta para cuajar y regalar su delicado sabor.

Del mismo mamey, ahora combinado con piñones y decorado con almendras, se imprime enseguida la fórmula de otro delicioso dulce, de fácil preparación. Sencillas también –y clásicas– son las recetas con las que cierra la cocina hidrocálida su recetario. Tanto las que sugiere para el flan casero o la jericalla –con huevos, leche, azúcar, extracto de vainilla–, o la que propone para una tradicional capirotada, con su larga lista de ingredientes.

Un arrayán en mis labios
con ternura acaricié
sentí el sabor y se fue,
quedando sólo resabios.
Si la crueldad es de fruta
¿dónde hallar algo mejor?

Arrayán
EDMUNDO BÁEZ

Galletas de miel

350 g	harina
200 g	azúcar
125 g	mantequilla
3	cucharadas de miel de abeja
1	cucharada de canela en polvo
1	cucharada de bicarbonato
1/2	cucharadita clavo molido
1/3	cucharadita de cardamomo
3	huevos
1	naranja cubierta

❧ Cernir harina, azúcar, bicarbonato, canela, clavo y el cardamomo; mezclar bien.

❧ Formar con la mezcla una fuente sobre la mesa y poner en el centro dos huevos, mantequilla suavizada y miel; revolver y amasar.

❧ Extender la masa hasta dejarla de medio centímetro de espesor y cortarla en figuritas al gusto; colocarlas en charolas engrasadas.

❧ Embetunar las galletas con el huevo restante, batido, y adornarlas con tiritas de naranja cubierta.

❧ Cocer en el horno a 170°C durante quince minutos.

❧ Rinde 8 raciones.

Polvorones de naranja

250 g	harina
125 g	manteca
100 g	azúcar
75 g	azúcar
1	naranja (jugo y raspadura)
1	yema de huevo
1/4	cucharadita de bicarbonato

❧ Batir manteca con azúcar hasta que esponje.

❧ Agregar la yema de huevo, el jugo y la raspadura de naranja y la harina cernida con el bicarbonato; amasar.

❧ Formar una pasta y extenderla con el rodillo hasta dejarla de medio centímetro de espesor.

❧ Cortar ruedas de cinco centímetros; colocarlas en una charola engrasada a hornear a 200°C.

❧ Dejar enfriar los polvorones y espolvorearles azúcar.

❧ Rinde 6 raciones.

Tarta reina

100 g	almendras
12	yemas de huevo
4	cucharadas de harina
1	taza de bizcochos finos o soletas (molidos)
2	claras de huevo
·	crema Chantilly
·	unas gotas de esencia de limón

❧ Limpiar las almendras, tostarlas y molerlas finamente; mezclarlas con las yemas de huevo batidas y las claras a punto de turrón.

❧ Añadir azúcar, esencia de limón y los bizcochos molidos; mezclar cuidadosamente hasta que quede espumoso.

❧ Untar un molde con mantequilla; verter la crema preparada y cocerla en el horno a 250°C (cubierta con papel engrasado).

❧ Decorarla con crema Chantilly.

❧ Rinde 12 raciones.

Tarta de duraznos

300 g   harina

200 g   azúcar

100 g   manteca

1/2   taza de vino blanco dulce

2   cucharaditas de polvo para hornear

1   cucharadita de ralladura de naranja

1   huevo

·   duraznos frescos

·   mantequilla y harina

- ❦ Batir manteca con azúcar hasta acremar.
- ❦ Agregar la ralladura de naranja y el huevo, batir bien; añadir poco a poco la harina (cernida con el polvo para hornear) y el vino; batir constantemente.
- ❦ Engrasar y enharinar un molde para tarta (de preferencia desmoldable) de 26 cm de diámetro; verter en él la mezcla anterior y dejarla reposar.
- ❦ Pasar los duraznos por agua hirviendo, retirarles la piel y cortarlos a la mitad; quitarles el hueso y colocarlos suavemente sobre la pasta (con la parte cortada hacia abajo).
- ❦ Cocer la torta en el horno a 200°C cuarenta y cinco minutos aproximadamente; dejar enfriar, desmoldar y servir.
- ❦ Rinde 8 raciones.

Rollo de manzanas

4   manzanas grandes (peladas y cortadas en cuadritos)

300 g   mantequilla

100 g   pasitas

100 g   piñones

2 1/2   tazas de harina

1/2   taza de azúcar

1/2   taza de leche

1   copa de coñac

1/2   cucharadita de canela en polvo

2   huevos

1   huevo para barnizar

1   limón (el jugo)

- ❦ Cernir la harina sobre una tabla de amasar; hacer un hueco en el centro y poner en él doscientos gramos de mantequilla suavizada, huevos y leche.
- ❦ Amasar hasta formar una pasta suave; envolver con papel encerado y dejar reposar en lugar fresco durante una hora.
- ❦ Extender la pasta con el rodillo hasta dejarla lo más delgada posible.
- ❦ Con una brocha barnizar la pasta extendida con el resto de la mantequilla derretida.
- ❦ Cocer en una taza de agua las manzanas, pasitas, azúcar y canela durante quince minutos.
- ❦ Al consumirse el agua, añadir piñones, jugo de limón y coñac; dejar enfriar.
- ❦ Colocar el dulce de manzana sobre la pasta extendida; enrollarla cuidadosamente y cerrar los extremos para que el relleno no se salga.
- ❦ Barnizar con huevo batido y hornear a 200°C durante treinta minutos; servir caliente.
- ❦ Rinde 12 raciones.

Pastel de frutas y almendras

450 g	ciruelas pasa
100 g	pasas
75 g	cerezas en almíbar (en cuadritos)
50 g	frutas cristalizadas (en trocitos)
2	tazas de harina de trigo
1 1/4	tazas de azúcar glass
1	taza de margarina suavizada
2	cucharadas de mantequilla
1/2	cucharadita de canela en polvo
1/2	cucharadita de nuez moscada molida
4	huevos batidos
·	papel encerado

Para la cubierta

50 g	cerezas cristalizadas (en cuartos)
50 g	frutas cristalizadas (en trozos)
1/4	taza de almendras (remojadas, peladas y fileteadas)

❧ Engrasar y forrar un molde de veinte cm de diámetro con papel encerado y engrasado.

❧ Batir la margarina con azúcar glass hasta que quede cremosa; incorporar los huevos batidos.

❧ Agregar la harina cernida con las especias; añadir frutas y pasas.

❧ Verter la mezcla en un molde, colocar encima las cerezas, frutas cristalizadas y almendras.

❧ Hornear suvemente durante dos horas y media.

❧ Rinde 12 raciones.

Pastel de naranja

1 1/3	tazas de harina
1	taza de azúcar
1/2	taza de jugo de naranja
1	cucharada de raspadura de naranja
1/4	cucharadita de cremor tártaro
1/4	cucharada de sal
6	huevos
·	azúcar glass

❧ Batir las yemas hasta que se blanqueen; añadir la raspadura y el jugo de naranja; batir hasta que la combinación se espese.

❧ Agregar poco a poco media taza de azúcar y una pizca de sal; incorporar la harina suavemente en forma envolvente.

❧ Batir las claras de huevo con el cremor tártaro a punto de turrón; añadir poco a poco la otra media taza de azúcar.

❧ Mezclar la preparación anterior con la de las yemas, batiendo suavemente.

❧ Verter la pasta en un molde de corona, sin engrasar; hornear a 230°C durante cuarenta y cinco minutos.

❧ Dejar enfriar el pastel sobre una rejilla de alambre; desmoldar y cubrirlo con azúcar glass.

❧ Rinde 10 raciones.

Pastel de mango

2 1/2   tazas de harina cernida

1 1/2   tazas de azúcar

1   taza de mangos (maduros y molidos)

1/2   taza de margarina

1/4   taza de leche agria

1   cucharadita de esencia de almendras

1/2   cucharadita de polvo para hornear

1/4   cucharadita de bicarbonato

1/4   cucharadita de sal

2   huevos

·   azúcar glass

❦ Batir la margarina, el azúcar y los huevos hasta que la masa quede ligera y cremosa.

❦ Por separado, cernir juntos los ingredientes secos.

❦ Mezclar los mangos, la esencia de almendras y la leche agria, también por separado.

❦ Agregar los ingredientes secos y la mezcla de mango a la masa preparada inicialmente; batir bien.

❦ Engrasar y enharinar un molde de 20 x 28 cm; verter la pasta y hornear a 180°C durante media hora.

❦ Dejar enfriar el pastel y cubrirlo con azúcar glass.

❦ Rinde 12 raciones.

Postre de mango

2 k   mango petacón

1/2 k   azúcar

5   claras de huevo

1   taza de ron

1/2   cucharadita de clavo molido

❦ Licuar la pulpa de mango con los demás ingredientes, excepto las claras de huevo.

❦ Batir las claras a punto de turrón y mezclarlas con el mango licuado; refrigerar durante dos horas.

❦ Rinde 20 raciones.

Postre de jícama

1/2 k   jícama de agua fresca

1   taza de leche

1   taza de azúcar

3   yemas de huevo

1   copita de ron o de jerez seco

·   almendras para decorar

❦ Pelar y rallar la jícama; ponerla en el fuego sin agua para que suelte el jugo y espese.

❦ Añadir leche y azúcar sin dejar de revolver.

❦ Retirar del fuego; agregar las yemas ligeramente batidas con el vino; volver al fuego y revolver constantemente hasta ver el fondo del cazo.

❦ Verter el postre en un recipiente refractario y decorarlo con almendras; dorarlo a horno suave.

❦ Rinde 8 raciones.

Gelatina de mamey

2	mameyes grandes
1	taza de azúcar
3/4	taza de agua
1/2	limón (el jugo)
1 1/2	sobres de grenetina

- ❤ Poner en el fuego agua con azúcar, revolver.
- ❤ Dejar de mover y, cuando empiece a hervir, agregar jugo de limón; dejar hervir durante cinco minutos a fuego suave.
- ❤ Incorporar la pulpa de los mameyes (pasada por un colador) y la grenetina (previamente remojada durante cinco minutos en media taza de agua fría y disuelta a baño María).
- ❤ Revolver y colocar en un molde húmedo; refrigerar hasta que la gelatina cuaje; desmoldar y servir.
- ❤ Rinde 8 raciones.

Gelatina exquisita

250 g	azúcar
50 g	nueces peladas
30 g	grenetina
1	litro de leche
1/4	litro de agua
2	cucharadas de cocoa
1	cucharada de extracto de vainilla
4	yemas de huevo
2	claras de huevo
2	gotas de pintura vegetal (color rosa)
·	soletas

- ❤ Disolver la grenetina en agua.
- ❤ Mezclar las yemas de huevo con azúcar, añadir la leche poco a poco; colar y poner en el fuego.
- ❤ Cuando la preparación empiece a hervir, retirarla del fuego y agregar la grenetina; revolver y colar nuevamente.
- ❤ Dejar enfriar y agregar las claras de huevo batidas a punto de turrón.
- ❤ Pintar de color rosa pálido una tercera parte de la gelatina; en otra tercera parte disolver la cocoa cernida, nuez picada y vainilla; y, al resto, agregar las soletas partidas en trocitos.
- ❤ Verter la gelatina rosa en un molde de corona (húmedo) y refrigerar hasta que cuaje.
- ❤ Incorporar la parte blanca y, por último, la de chocolate; refrigerar hasta que esté firme; desmoldar y servir.
- ❤ Rinde 6 raciones.

Dulce de mamey y piñón

2	mameyes grandes
300 g	azúcar
100 g	piñones
1	taza de agua
·	almendras

- ❤ Partir los mameyes, extraer la pulpa y molerla.
- ❤ Poner en el fuego agua con azúcar; agregar la pulpa de los mameyes.
- ❤ Moler los piñones e incorporarlos cuando empiece a espesar el dulce de mamey; revolver constantemente hasta ver el fondo del cazo.
- ❤ Retirar el dulce del fuego y, aún tibio, verterlo en un platón; adornarlo con almendras tostadas.
- ❤ Rinde 8 raciones.

Flan sencillo

500 g	azúcar
2	litros de leche
8	yemas de huevo
3	claras de huevo
1	cucharadita de vainilla

- ❤ Preparar caramelo con cien gramos de azúcar y bañar un molde de corona.
- ❤ Poner leche con azúcar a fuego suave, dejar espesar ligeramente.
- ❤ Retirar del fuego y agregar, poco a poco, las yemas batidas con las claras; mezclar bien y añadir la vainilla.
- ❤ Verter la mezcla en el molde forrado con caramelo; cocer en el horno a baño María durante dos horas (hasta cuajar).
- ❤ Rinde 8 raciones.

Capirotada

1	litro de agua
1/2 k	piloncillo blanco
200 g	queso añejo
100 g	almendras
100 g	cacahuates pelados
100 g	pasas
50 g	canela entera
50 g	grageas
50 g	piñones
10	clavos de olor
10	cocos de aceite
10	tortillas de maíz
8	bolillos
4	huevos
2	dulces de biznaga
1	cazuela de barro grande
·	aceite
·	manteca de cerdo

- ❤ Cortar el bolillo en rebanadas; ponerlas a secar al sol durante tres horas; dorarlas luego en aceite caliente.
- ❤ Hervir agua con piloncillo, canela y clavo; dejar disolver el piloncillo.
- ❤ Engrasar con manteca el interior de una cazuela de barro y ponerla en el fuego.
- ❤ Colocar una capa de tortillas enteras para que el pan no haga contacto con las paredes de la cazuela.
- ❤ Acomodar capas sucesivas de pan dorado, queso añejo rallado, pasas y trocitos de dulce de biznaga, cacahuates, piñones y los cocos de aceite.
- ❤ Bañar con la miel de piloncillo (procurar que la preparación se impregne bien).
- ❤ Cubrir con turrón de huevo y adornar con almendras, piñones y grageas en forma de flores y hojas.
- ❤ Hornear unos minutos hasta que el turrón se dore; servir la capirotada en rebanadas.
- ❤ Rinde 12 raciones.

Jericalla

1	litro de leche
1/4 k	azúcar
100 g	almendras peladas
6	huevos
1	cucharada de extracto de vainilla

❦ Batir los huevos; cuando esponjen, mezclarlos con leche, azúcar y vainilla.

❦ Picar la mitad de las almendras y añadirlas a la mezcla de leche.

❦ Verter en moldes refractarios individuales; agregar encima almendras y espolvorear un poco de azúcar.

❦ Colocar los moldes a baño María en horno precalentado (200°C); hornear hasta que cuaje y se dore levemente.

❦ Rinde 8 raciones.

AUTORES DE LAS RECETAS

Silvia Alonso de Romo

Guadalupe Alonso Álvarez

Alicia Caldera Muñoz

Jorge Caldera Muñoz

Irene Campillo Gómez

Gabriela de la Torre

Rosa Elena de Luna de Alba

Marta Alicia Galáviz Estrada

Guadalupe García de Luna

Marisol García

Margarita Garibay de Mondragón

María González Pérez

Mercedes J. de González

Leticia Lizalde de Díaz

Guadalupe V. de Llamas

Consuelo Magallanes Alonso

Ema Méndez Jaime

Ana María Leticia Moreno de Lizalde

María del Carmen Muñoz Quintana

Ofelia Ramírez de Acevedo

Elsa del Carmen Ramos Reyes

José Antonio Reyes González

Lubia Reynel de Acosta

Agustina Rodríguez de Monsiváys

Verónica Romero

Concepción Torres Alcántara

Guadalupe Torres Baltazar

Ofelia Velasco Ramírez

De Cocina y Algo Más

FESTIVIDADES

LUGAR Y FECHA	CELEBRACIÓN	PLATILLOS REGIONALES
AGUASCALIENTES (Capital del Estado) *Abril y mayo*	**Feria Nacional de San Marcos** Uno de los festivales más afamados en México, donde se puede disfrutar de corridas de toros con matadores de renombre internacional; serenatas en el Jardín de San Marcos; bailes (especialmente el de los Matachines), peleas de gallos y juegos de azar. Se promueven artículos regionales y se impulsa la industria estatal.	∼ Enchiladas, enjitomatadas, quesadillas, tacos, tostadas, tamales, gorditas rellenas de chicharrón, mole, nopales, pollo frito, barbacoa de olla, gallina en salsa envinada, cecina, rellena o moronga, carnitas de cerdo y chicharrón. ∼ Alfajores de coco, trompadas, charamuscas, jericalla, flanes, gelatinas, dulces cubiertos o cristalizados, jamoncillos de leche, buñuelos, pepitorias, algodón de azúcar, pirulís, nieves y helados varios, churros, donas, fruta de horno, semitas, mamón, ladrillos y chamucos (panes). ∼ Aguas frescas de chía, limón, jamaica, horchata, café de olla, chocolate y atoles, aguardientes y jugos derivados de frutas.
Agosto 15	**Asunción de la Virgen María** Esta fiesta religiosa coincide con la celebración de la Feria de la Uva. Los Matachines se congregan durante el día en la parte exterior de la catedral para ejecutar sus danzas; en la noche se organiza un desfile.	∼ Tamales, codonches, carne de puerco ranchero, cabrito al horno, enchiladas de olla, cueritos encurtidos, barbacoa de olla, pollo frito, tacos, gorditas, quesadillas, carnitas y chicharrón, sopes, chalupas, menudo, cecina, frijoles puercos, duro con sal (cuero del cerdo). ∼ Dulces cubiertos, charamuscas, trompadas, pepitorias, yemitas de huevo cubiertas con caramelo, queso de tuna, rosquillas de leche, calabazas de azúcar, pepitorias, flanes, jericalla, semitas, mamón, puchas, churros, buñuelos, polvorones, gorditas de cuajada, chamucos, cocoles, panochas. ∼ Aguardientes, colonche, uvate (hecho con uvas de la región), jugos derivados de frutas, aguas frescas, atoles, chocolate y café endulzado con piloncillo.
JESÚS MARÍA *Julio 25*	**Día de Santiago** Se conoce con el nombre de Chicahuales. Escenifican, a pie y a caballo, batallas entre moros y cristianos.	∼ Pollo frito, enchiladas, barbacoa de olla, carne de puerco ranchera, mole estilo Aguascalientes, chilaquiles, menudo, pozole, carnitas de puerco, chicharrón, cueritos encurtidos, gallina en salsa envinada, cuitlacoche, huauzontles, cecina, frijoles puercos o refritos con totopos, tamales, codonches, gorditas rellenas, tacos, quesadillas, birria. ∼ Charamuscas, trompadas, cocadas, pepitorias, gelatinas, flanes, algodón de azúcar, pirulís, queso de tuna, melcocha, jamoncillos de leche en capas de colores y, entre capa y capa, acitrón e higos; buñuelos, churros, tostadas de manteca o ladrillos, mamón, semitas, cocoles, panochas. ∼ Atoles, aguardientes, chocolate, jugos derivados de frutas, aguas frescas de limón, jamaica, cebada, horchata, naranja, café de olla.

NUTRIMENTOS Y CALORÍAS

REQUERIMIENTOS DIARIOS DE NUTRIMENTOS (NIÑOS Y JÓVENES)

Nutrimento	Menor de 1 año	1-3 años	3-6 años	6-9 años	9-12 años	12-15 años	15-18 años
Proteínas	2.5 g/k	35 g	55 g	65 g	75 g	75 g	85 g
Grasas	3-4 g/k	34 g	53 g	68 g	80 g	95 g	100 g
Carbohidratos	12-14 g/k	125 g	175 g	225 g	350 g	350 g	450 g
Agua	125-150 ml/k	125 ml/k	125 ml/k	100 ml/k	2-3 litros	2-3 litros	2-3 litros
Calcio	800 mg	1 g	1 g	1 g	1 g	1 g	1 g
Hierro	10-15 mg	15 mg	10 mg	12 mg	15 mg	15 mg	12 mg
Fósforo	1.5 g	1.0 g	1.0 g	1.0 g	1.0 g	1.0 g	0.75 g
Yodo	0.002 mg/k	0.002 mg/k	0.002 mg/k	0.002 mg/k	0.02 mg/k	0.1 mg	0.1 mg
Vitamina A	1500 UI	2000 UI	2500 UI	3500 UI	4500 UI	5000 UI	6000 UI
Vitamina B-1	0.4 mg	0.6 mg	0-8 mg	1.0 mg	1.5 mg	1.5 mg	1.5 mg
Vitamina B-2	0.6 mg	0.9 mg	1.4 mg	1.5 mg	1.8 mg	1.8 mg	1.8 mg
Vitamina C	30 mg	40 mg	50 mg	60 mg	70 mg	80 mg	75 mg
Vitamina D	480 UI	400 UI	400 UI	400 UI	400 UI	400 UI	400 UI

REQUERIMIENTOS DIARIOS DE NUTRIMENTOS (ADULTOS)

Proteínas	1	g/k
Grasas	100	g
Carbohidratos	500	g
Agua	2	litros
Calcio	1	g
Hierro	12	mg
Fósforo	0.75	mg
Yodo	0.1	mg
Vitamina A	6000	UI
Vitamina B-1	1.5	mg
Vitamina B-2	1.8	mg
Vitamina C	75	mg
Vitamina D	400	UI

REQUERIMIENTOS DIARIOS DE CALORÍAS (NIÑOS Y ADULTOS)

		Calorías diarias
Niños	12-14 años	2800 a 3000
	10-12 años	2300 a 2800
	8-10 años	2000 a 2300
	6-8 años	1700 a 2000
	3-6 años	1400 a 1700
	2-3 años	1100 a 1400
	1-2 años	900 a 1100
Adolescentes	Mujer de 14-18 años	2800 a 3000
	Hombres de 14-18 años	3000 a 3400
Mujeres	Trabajo activo	2800 a 3000
	Trabajo doméstico	2600 a 3000
Hombres	Trabajo pesado	3500 a 4500
	Trabajo moderado	3000 a 3500
	Trabajo liviano	2600 a 3000

EQUIVALENCIAS

EQUIVALENCIAS EN MEDIDAS

1	taza de azúcar granulada	250	g
1	taza de azúcar pulverizada	170	g
1	taza de manteca o mantequilla	180	g
1	taza de harina o maizena	120	g
1	taza de pasas o dátiles	150	g
1	taza de nueces	115	g
1	taza de claras	9	claras
1	taza de yemas	14	yemas
1	taza	240	ml

EQUIVALENCIAS EN CUCHARADAS SOPERAS

4	cucharadas de mantequilla sólida	56	g
2	cucharadas de azúcar granulada	25	g
4	cucharadas de harina	30	g
4	cucharadas de café molido	28	g
10	cucharadas de azúcar granulada	125	g
8	cucharadas de azúcar pulverizada	85	g

EQUIVALENCIAS EN MEDIDAS ANTIGUAS

1	cuartillo	2	tazas
1	doble	2	litros
1	onza	28	g
1	libra americana	454	g
1	libra española	460	g
1	pilón	cantidad que se toma con cuatro dedos	

TEMPERATURA DE HORNO EN GRADOS CENTÍGRADOS

Tipo de calor	Grados	Cocimiento
Muy suave	110°	merengues
Suave	170°	pasteles grandes
Moderado	210°	soufflé, galletas
Fuerte	230°-250°	tartaletas, pastelitos
Muy fuerte	250°-300°	hojaldre

TEMPERATURA DE HORNO EN GRADOS FAHRENHEIT

Suave	350°
Moderado	400°
Fuerte	475°
Muy fuerte	550°

Ahuate (aguate). Pequeña e irritante espina, casi imperceptible, que cubre algunas plantas. Tienen ahuates la caña de azúcar, la mayoría de las cactáceas, ciertos frutos, etcétera.

Arepa. Torta, pan de maíz.

Arrayán. Nombre común del Myrtus arrayan, arbusto de especie próxima al guayabo, y de sus acídulos frutillos con los que se preparan pastas dulces y otras golosinas.

Capirotada. Postre o dulce que combina ingredientes muy diversos (cacahuates, almendras, etc.) con pan frito, almíbar de piloncillo y, con frecuencia, queso, en agua o leche.

Cardamomo. Arbusto de la familia de las zingiberáceas y su fruto, cuyas semillas, a más de tener ciertos efectos medicinales –tónicos y carminativos–, se aprovechan como condimento.

Colonche. Aguardiente que se obtiene por maceración de la tuna colorada (cardona) y azúcar.

Cuitlacoche (huitlacoche). Hongo parásito que invade las mazorcas del maíz. Pese a su aspecto poco atractivo, es sabroso comestible, asado o guisado.

Chile ancho. Clásico de la cocina en México, forma parte de moles y adobos diversos; es de color pardo o rojo oscuro y, por lo general, poco picante. Fresco y verde es el **chile poblano.** En Aguascalientes también se conoce a éste como **chile joto,** tal vez porque no pica demasiado.

Chile caribe. Picante y perfumado, es un chile fresco –variedad del chile güero– de 4 a 5 cm de largo, cónico, color amarillo o verde limón que, conforme madura, tiende a ser naranja. Se cultiva en Aguascalientes.

Chile catarina (catarinita). Original de Aguascalientes, se trata de un chile seco picante, de forma alargada y color sepia rojizo; se utiliza en salsas y adobos.

Chile chino. Variedad del chile ancho de color más oscuro, casi negro, de piel arrugada, y mucho más pícante que éste. Se vende en los mercados del centro de la república.

Chile guajillo. Se produce en casi todo el país, pero ofrece diferencias según el lugar. Fresco puede ser verde, amarillo o rojo. Suele consumirse seco –mide entre 1 y 11 cm– y presenta entonces un tono sepia-rojizo. En general resulta más picante cuando es más pequeño; el de tamaño grande proporciona fundamentalmente color y sabor.

Chile güero. La denominación se aplica a un chile carnoso, generalmente de forma cónica. Hay variedades poco picantes y perfumadas.

Chile mirasol. Variedad del **chile guajillo** también llamado **chile puya.** Es un chile fresco, picante y de forma oval, que recibe su nombre porque la planta mira hacia el sol.

Chile verdeño. Especie del chile poblano, de un color verde más pálido.

Esquites. Granos de elote fritos, con sal, epazote y chile en polvo; la palabra se refiere también a los granos del maíz reventados al fuego al tostarlos en comal (palomitas).

Gorditas. Culinariamente, y de modo usual en plural, la voz se aplica a ciertas tortillas de maíz más gruesas y, por lo general, más pequeñas que las comunes, las cuales se suelen conservar suaves mayor tiempo.

Guacamole. Ensalada o salsa mexicana elaborada con la pulpa del aguacate, molida o picada, a la que se agrega jitomate, cebolla, cilantro, chile verde, etc., finamente picados.

Guayaba. Fruto aovado del guayabo (árbol de la familia de las mirtáceas), originario de América; es comestible apreciado y con propiedades medicinales por los taninos que contiene.

Huauzontle (guauzoncle). Verdura de la familia de los quenopodiáceas. Se aprovechan las hojas y las flores aún tiernas. Puestas a secar, se conservan hasta un año.

Huesitos. Dulces de leche con canela.

Jamaica. Bebida o infusión refrigerante preparada con los cálices color púrpura de una planta malvácea, común en el interior de la república; es muy popular por su sabor agradable y refrescante. Tiene cualidades diuréticas.

Jericalla (jericaya, papín). Dulce que se prepara, a baño María, fundamentalmente con leche, huevos, azúcar y vainilla.

Jícama. Tubérculo en forma de cebolla grande, de unos 15 cm de diámetro, carnoso y con una cubierta fibrosa; de sabor fresco, dulce y acuoso, se suele tomar crudo, aliñado sólo con sal y polvo de chile o limón.

Jocoque (jocoqui). Preparación hecha con leche cortada o nata agria, al modo de crema espesa.

Mamón. En repostería se refiere a un bizcocho blando de harina y huevos; especie de marquesote que puede llevar almíbar.

Marquesote. Torta o bizcocho ligero de harina de arroz o maíz que se acostumbra cortar en trozos en forma de rombos; requiere huevos y azúcar y se hornea.

Memela. Tortilla más gruesa que las comunes, en forma de óvalo; se acompaña siempre con algún ingrediente: memelas de queso, memelas con chile, etcétera.

Pan dulce. Son apetecibles y diversos los bizcochos cotidianos en Aguascalientes, de desayuno o merienda. Entre ellos, los **cocoles**, **chamucos**, **gorditas de cuajada**, **ladrillos**, **panochas**, **puchas**, **semitas**, etcétera.

Peneques. Especie de canuto o barquichuela de masa de maíz —relleno de frijoles molidos, habas, requesón u otros guisos— que se come capeado en un caldillo picante de jitomate.

Picón. Bizcocho o pan de harina con huevos y azúcar, de forma redonda o cónica y con picos. Pan de dulce.

Pirulí. Golosina: caramelo puntiagudo, de forma cónica, de diversos sabores y colores brillantes.

Rompope. Licor suave y cremoso, de color amarillo, elaborado a base de leche, huevos, azúcar, ron, canela o vainilla.

Totopo (totoposte). Tortilla dorada, de masa fina, con un solo cuerpo, que se toma como galleta.

Uvate. Dulce de uvas cocidas con mosto; ate o pasta dulce de uvas.

Xoconostle (soconoscle). Variedad de tuna, ácida, que se emplea como condimento o ingrediente de algunas salsas y platillos y en la elaboración de dulces en almíbar.

Yescas. Trozos de chicharrón de ganado vacuno.

Esta obra fue impresa en el mes de junio de 2001
en los talleres de Litográfica Ingramex, S.A. de C.V.,
que se localizan en la calle de Centeno 162,
colonia Granjas Esmeralda, en la ciudad de México, D.F.
La encuadernación de los ejemplares se hizo
en los talleres de Dinámica de Acabado Editorial, S.A. de C.V.,
que se localizan en la calle de Centeno 4-B,
colonia Granjas Esmeralda, en la ciudad de México, D.F.